메이드 인 코리아

메이드인 코리아

OTDT,
한국인 거상 이영현 회장의
이유 있는 외침!

이영현 지음

MADE IN KOREA

BM 성안당

나는 92세까지만
살기로 했다

'무소유'를 주창한 고故 성철 스님과 같이 역사에 굵직한 발자취를 남긴 성인이 아닌 이상 속된 경제적 울타리에서 자유로운 이는 없을 터다. 나 역시 경제적 자유를 지향하며 40년 세월 동안 무역인으로서 그 누구보다 치열한 삶을 살아왔다. 덕분에 '부富'라는 기준에서 평가하면 누구에게나 인정받을 만큼의 성공을 거두었다고 자부한다. 온갖 역경을 이겨내고 심지어 죽을 고비까지 넘겨가며 벌어들인 재화는 나의 곳간에 차곡차곡 쌓였고, 은퇴 후 100세까지 살아갈 노후자금도 넉넉하게 마련해놓을 수 있었다.

맨손으로 시작해 피와 땀으로 일군 영리무역을 2대 대표에게 인계하고 은퇴한 그때만 해도 나는 앞으로 누릴 30년 이상의 유유자적한 삶에 사뭇 설레기까지 했다. 하지만 내가 100세까지 살아도 충분하리라 여겼던 곳간은 예상보다 빠른 속도로 줄어들었다. 소위 말하는 '나이 들어서' 새삼 물욕이나 식욕, 과시욕이 생겨 돈을 흥청망청 쓴 것은 아니었다. 16년 전 영리무역의 대표가 아닌, 세계한인무역협회 World - OKTA, 월드옥타의 회장으로 재임할 때 후배들의 성장과 발전을 돕기 위해 '차세대 글로벌 창업무역스쿨(차세대 무역스쿨)'의 강의를 시작했는데, 나의 개인 곳간이 급격하게 줄어든 것은 바로 이 때문이었다.

차세대 글로벌 창업무역스쿨은 세계 74개국, 147개 지회로 이루어진 세계한인무역협회의 운영진이 뜻을 모아 시작한 프로젝트로, 나는 이를 '매출 1억 달러 무역인 양성 프로그램'이라고 부른다. 비록 나와 후배들이 살아가는 시대상은 다소 다를지언정 세대를 막론하고 무역, 나아가 성공의 핵심을 관통하는 진리는 변하지 않는다. 이에 나는 40년 동안 세계를 무대로 대한민국 제품을 팔았던 '1세대 무역인'의 경험을 기반으로 후배들에게 무역과, 나아가 사업의 핵심과 노하우를 전수하고자 차세대 글로벌 창업무역스쿨에 적극적으로 참여하게 되었던 것이다.

내가 창업무역스쿨을 통해 캐나다에서 처음 강의를 시작한 16년 전부터 지금까지 소모된 모든 비용의 출처가 바로 내 개인 곳간이었다. 지난 16년 동안 나는 지구를 열여섯 바퀴(50만 킬로미터)가량 돌며 250여 회 이상 강의를 진행해왔다. 때로는 감사 표시로 강의 주최 측에서 소정의 비용을 지불하기도 하지만 그마저도 후배들과 함께 하는 식사나 다과를 위해 사용하고 있다. 나의 옹고집이지만, 아무리 적은 금액이라도 강의료를 받는다면 자칫 나의 진심이 흐려질까 경계하는 것이다.

당초 100세를 기준으로 마련했던 노후 자금은 현재 속도로 따져봤을 때 내가 92세 되면 모두 고갈될 것으로 보인다. 16년 후의 일이니 앞으로 딱 지금까지 했던 것만큼 또다시 지구를 열여섯 바퀴 정도만 돌면 될 터다.

사실 나는 이러한 '자비 강의'에 대해 평생 밝히고 싶지 않았다. 이처럼 책을 낸다는 것은 더더욱 언감생심이었다. 스스로의 얼굴에 금칠을 한다는 쑥스러움이 컸던 이유다. 하지만 주변 사람들의 끈질긴 권유에 잠시 얼굴에 철판을 깔기로 했다. 다른 이유가 아닌, 나의 이야기를 통해 후배들에게 내리사랑을 실천하는 또 다른 누군가가 생겨나길 바라는 마음에서다. 미국의 기부 문화를 바꾼 빌 게이츠처럼, 아직은 부족하지만 나의 작은 나눔의 뜻을 다른 사람들이 이어받길 바라고 또 바라본다.

수십 년 동안 치열하게 살아왔기에 이제는 몸 이곳저곳이 말을 잘 듣지 않는다. 후배들의 초롱초롱한 눈망울에 한 번이라도 강의를 더 하고자 좁디좁은 이코노미석에 꼬박 20시간을 앉아 부에노스아이레스를 방문했을 때에는 입에서 절로 곡소리가 날 지경이었다. 지금도 이런데 앞으로 16년이라니! 생각만 해도 아찔하다. 하지만 '칭찬은 고래도 춤추게 한다'고 했다. 대화가 통하지 않는 포유류조차 자신에 대한 칭찬을 기꺼워하는데 한국어와 영어까지 구사하는 나는 어떻겠는가? 강의를 마치고 난 후 후배들에게 받는 감사 문자 한 통은 나에게는 세상 그 무엇보다 가치 있는 보상이다. 물론 어떤 보상을 바라고 시작한 일은 아니지만, 후배들이 보내주는 '감사'와 '사랑', '응원'과 '격려'를 아우르는 인사는 내가 평생 벌어들인 그 어떤 금은보화보다 더욱 소중한 평생의 보물로 가슴에 품을 것이다.

나는 92세까지만 살기로 했다. 내 건강이 허락한다면 이제 반쯤 비어버린 곳간의 문을 더욱 활짝 열어서라도 후배들과 즐거운 추억을 만들어나갈 것이다. 캐나다에서 아르헨티나로, 다시 러시아와 중국을 거쳐 한국으로 향하는 고된 여정을 앞두고 있음에도 불구하고 마치 소풍을 앞둔 초등학생처럼 설레는 이유는 그곳에서 수많은 청춘들이 나를 기다리고 있기 때문이다. 새로운 인연을 만나게 될, 앞으로 다가올 16년의 세월이 되도록 천천히 흘러갔으면 좋겠다는 바람이다.

끝으로 내가 오늘날까지 살아오며 가장 큰 은혜를 입은 세 분, 김성우 풍한그룹 회장, 이건수 동아일렉콤 회장, 남충우 타워그룹 회장에게 세상 가장 진한 고마움의 마음을 담은 감사 인사를 전하고자 한다.

이영현

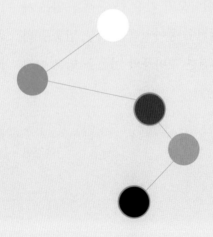

I am
Korean

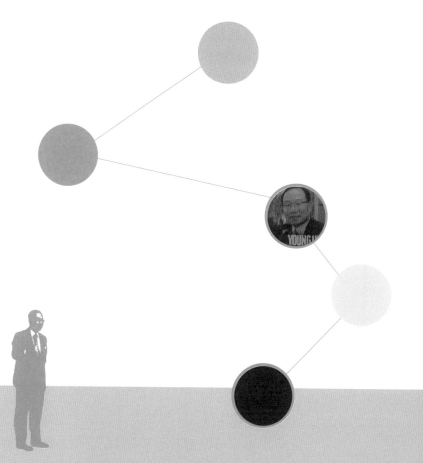

나는 참 미련했다. 한국을 향한 마음이 조금만 덜했더라면,

그게 아니더라도 그저 장사꾼으로서 일에만 충실했다면,

그래서 독일과 일본 제품을 판매했다면

아마 무역사에 길이 남을 만큼 큰 성공을 거두었을지도 모른다.

하지만 아이러니하게도 이 미련한 애국심이 있었기에

지금의 내가 있을 수 있었다.

내 별명?
'A poor Korean!'

무역인으로 살아온 지 40년. 이제 와 고백하자면 40년 무역인으로 받아든 나의 성적표는 '낙제'에 가까울 것이다. 사업가로서 최고의 덕목은 '수익 창출'임에도 불구하고 나는 항상 남들보다 낮은 수익을 얻을 수밖에 없었다. 이유는 단 하나, 40년간 내가 취급했던 모든 제품이 한국산, 'Made in Korea'였던 까닭이다. 세계 수위를 다투며 기술력을 자랑하는 지금과 달리 과거에는 전 세계 어느 곳에서도 한국 제품의 품질을 인정하지 않았다. 팔리지 않는 상품을 파는 '어리석은 한국인A poor Korean', 당시 나에 대한 동료들의 냉정한 평가였다.

정확한 숫자는 기억나지 않지만 수십 년 동안 내가 취

급한 물품의 종류는 어림잡아 수천 가지에 이른다. 캐나다의 한 마을 주택가에서 발품을 팔며 판매한 작은 목공예품부터 요강, 나무 빨래판, 대나무 머리핀, 우산, TV, 카메라까지, 종류는 여럿이지만 그동안 내가 팔아온 수많은 제품의 공통점은 모두 한국산이라는 사실이다. 바로 이 지점에서 내가 무역인으로서 낙제점을 받은 이유를 찾을 수 있다.

내가 본격적으로 무역업에 뛰어든 것은 1960년대로, 우리나라 GDP가 80달러를 갓 넘긴 시점이었다. 당시만 해도 대한민국의 GDP 순위를 전 세계 217개 나라 중 뒤에서 세는 게 빠를 정도로 경제 상황이 좋지 않았다. 씻을 수 없는 민족의 아픔인 6·25 전쟁이 끝난 지 불과 10여 년이 지났을 뿐이었기에 경제 발전은커녕 전쟁의 상흔을 보듬는 데에만 분주했기 때문이다.

지금은 당연하게 여겨지는 '하루 세 끼 식사'도 당시에는 일부 특권층과 부유층만이 누릴 수 있는 사치였다. 길거리에는 넝마주이와 거지, 전쟁고아가 넘쳐나고 역한 냄새가 나는 일명 '꿀꿀이죽'도 없어서 먹지 못할 정도로 경제 상황은 살얼음판이나 마찬가지였다. 모든 것이 부족했던 시절, 애국심은커녕 자국 제품조차 찾기 힘들었던 그때 조국의 암울했던 상황은 아직까지 내 가슴속 깊은 곳에 아픔으로 자리하고 있다.

돌이켜 생각해보면 당시 내가 마주쳤던 동포들의 힘겨움이 어느 누군가는 신보다 더 따른다는 '돈'조차 마다하고 팔리지도 않는 한국 제품만 취급했던 우직한 애국심의 시발점이었을지도 모른다. 그저 누군가에게 우리나라 제품을 파는 작은 재주 하나가 전부였지만, 나로 인해 우리나라 경제가 조금이라도 나아지길 바라는 단 하나의 굳건한 심지가 있었기에 주변의 부정적인 평가와 실질적인 어려움도 이겨낼 수 있었다. 한국, 나의 조국은 지금의 내가 있게 된 이유이고, 나아가 내 삶 그 자체였다.

곧 여든을 바라보는 내가 이제 와 때아닌 애국심 타령을 하는 것은 소위 꼰대처럼 젊은이들에게 무조건적인 애국을 강요하기 위함이 아니다. 다만 부모가 하나인 것처럼 조국 역시 하나일 수밖에 없음에도 '헬조선' 혹은 '헬코리아'라는 말로 자신의 조국인 한국을 부정하는 시대적 흐름이 그저 안타까운 까닭이다.

어찌 보면 현재를 살아가는 수많은 젊은 후배들이 대한민국을 부정적인 시각으로 바라보는 것에 대한 책임은 우리 기성세대에 있을지도 모른다. 나 역시 후배들에게 좀 더 좋은 시대를 물려주지 못했다는 사실이 못내 미안할 따름이다.

나날이 좁아지는 취업문 탓에 연신 최악을 기록하는 청년실업률을 비롯해 극으로 치닫는 양극화, 그로 인해 빡빡해져만 가는 삶의 무게는 아직 어린 후배들이 감당하기에는 너무 가혹한 처사가 아닐 수 없다. 하지만 요즘 젊은이들보다 훨씬 열악한 시대를 관통해온 선배 입장에서 말하면, 보다 냉정하게 현재의 자신을 돌아보길 부탁한다. '내가 왕년에'와 같은 케케묵은 말로 과거 세대의 어려움을 토로하지는 않을 테니, 조국을 탓하기 전에 정말 본인이 할 수 있는 최선의 노력을 다했음에도 불구하고 그에 합당한 대가를 받지 못했는지 돌이켜보길 바란다.

수년 전부터 전 세계를 돌며 강의를 하는 나에게 많은 후배들이 이런 질문을 던진다.

"이 헬조선에서 빠져나가 다른 나라에 가면 돈을 많이 벌 수 있습니까?"

모든 젊은이들의 공통된 생각은 아닐지라도 제법 많은 이들이 대한민국이라는 나라에 크게 실망하고 있는 것은 명백하다. 차마 글로 적을 수 없을 만큼 가슴 아픈 표현을 써가며 자신의 조국을 비판하는 청춘들을 바라보는 내 마음 역시 쓰라리기만 하다. 하지만 나는 그런 그들의 질문에 '듣기 좋은 대답'을 해주지 않는다.

앞서 이야기했듯이 현재 청춘들이 느끼는 부조리하고 불합리한 사회에 대한 책임이 어느 정도 국가에 있는 것은 사실이다. 아니, 어쩌면 꽤 많은 비중의 책임이 국가를 비롯해 나와 같은 선배들에게 있을지도 모른다.

"우리 때는 먹을 것도 제대로 없었어"와 같은 케케묵은 반론은 꺼내지 않겠다. 고정된 과거에 얽매이기보다는 현재의 어려움을 직시하고 이를 인정한 후 더 나은 미래를 만들기 위한 발판으로 삼는 것이야말로 '장사꾼으로서' 가장 현명한 선택지라 믿어 의심치 않기 때문이다.

이 시대 청춘들은 좀 더 냉정해질 필요가 있다. 내가 좋든 싫든 한번 정해진 부모와 조국은 결코 바꿀 수 없다. 헬조선이란 날카로운 단어로 스스로를 상처 입히는 행위는 변하지 않는 과거를 원망하는 것과 같은 어리석은 선택일 뿐이다.

이쯤에서 시원하게 욕먹을 각오로 후배들이 뜨끔하게 느낄 만한 이야기를 좀 해볼까 한다. 까짓, 앞으로 살아갈 날보다 살아온 날이 더 많은 마당에 누구 눈치 보느라 하고 싶은 말도 못할 건 또 무에 있는가? 자, 욕을 한가득 일발 장전해도 좋으니 부디 몸에 좋은 쓴소리라 여겨주길 바란다.

어느덧 삶의 황혼을 거니는 나이가 된 나는 희로애락의 감정이 다소 희미해졌다. 수십 년 동안 수많은 경험을 해왔으니 어찌 보면 당연한 일이다. 하지만 종종 각종 매스컴을 통해 헬조선이란 단어를 들을 때마다 가슴속 저 깊은 곳에서 울컥 치미는 화를 쉬이 가라앉히지 못한다. 제2의 고향인 캐나다나 자주 강의를 다니는 미국, 일본, 중국 등을 포함해 세계 그 어느 나라에서도 한국을 헬조선 혹은 헬코리아라고 부르지 않는다.

전 세계에서 한국을 무시하는 사람은 바로 우리나라 국민, 그중에서도 젊은 친구들이 주를 이룬다. 이 같은 현상은 쉽게 말해 자신의 부모를 스스로 욕하는 꼴과 마찬가지다. 어찌 자신의 조국을 그토록 맹렬하게 비난할 수 있단 말인가? 내가 40년이상 해외를 떠도는 힘겨운 이방인의 삶을 버텨낼 수 있었던이유, 조국이 있다는 사실에 자부심을 가졌던 나로서는 도무지이해가 되지 않는다.

다소 조심스러운 이야기지만 '촛불 집회'가 열리던 2년 전,해외에서는 말 그대로 '난리'가 났다. 당장 내일이라도 조국에큰 위기가 닥칠 듯한 분위기가 팽배했던 것이다. 한국행을 준비하던 주변 지인들은 하나같이 비행기 예약을 취소하고 일정을무기한 연기했다. 심지어 한국에 있는 가족들을 캐나다로 부르는 이도 여럿 있었다. 하지만 나는 당초 계획되어 있던 한국행비행기에 몸을 실었다.

아마 그날 밤의 비행은 평생 잊을 수 없을 것이다. 그간 수십차례 한국행 비행기를 이용했지만 그날처럼 텅텅 빈 경우는 처음이었던 까닭이다. 승객이 길게 이어진 의자 다섯 개에 가로로몸을 뉘어도 아무도 뭐라고 하지 않을 정도였으니, 당시 한국의상황을 바라보던 해외 동포들의 심정을 미루어 짐작할 수 있을터다.

주위에서 "지금 한국에 가면 다시 돌아올지 장담할 수 없다"고 만류했지만 나는 아랑곳하지 않았다. 설사 일이 좋지 않은방향으로 흘러가더라도 내 조국에서 삶의 끝을 맞이한다면 그것조차 기껍게 받아들이겠다는 마음이었다. 치기 어린 애국심이라 비아냥거려도 좋다. 나에게 한국은 조국 그 이상의 가치가 있다.

이제 반대로 내가 질문을 던져보겠다.

"헬조선이란 단어 그대로 우리나라가 지옥인 게 사실이라면, 그 지옥을 이겨내기 위해 어떤 노력을 했는가?"

한 해에 수십 번씩 비행기를 타며 우리나라를 비롯해 전 세계 곳곳에서 강의를 하는 나는 자연스럽게 수많은 청춘들을 만난다. 자신들의 꿈을 이루기 위한 준비에 한창이기에 아직 '번데기'인 경우가 대부분이지만, 누구보다 큰 경제적 성공을 거뒀다고 자부하는 나조차 놀랄 만큼 이미 '성체'가 된 젊은 친구들도 제법 여럿 있다. 물론 그들 모두 자랑스러운 대한민국 국적을 갖고 있다.

그렇다면 같은 대한민국 국민임에도 왜 이런 차이가 생긴 것일까? 이유는 간단하다. 어쩌면 너무나 당연해서 굳이 글로 옮길 필요가 있을까 싶을 정도다.

'노력.'

물론 개개인의 조건은 차이가 있을 것이다. 어떤 사람은 집이 부자이고, 또 어떤 사람은 선천적으로 머리가 뛰어날 수 있다. 하지만 남들보다 앞서 성공에 다다른 이들은 예외 없이 남들보다 조금 더 빨리 확고한 목표를 정하고, 이를 향해 흔들림 없는 걸음(노력)을 이어왔음을 직접 확인했다. 우리나라 대다수의 청춘들이 '헬조선'이라고 욕하는 대한민국 국적을 가졌지만, 아랑곳하지 않고 자신의 노력으로 이를 극복한 것이다. 그중 캐나다 토론토 대학교에서 만난 한 친구의 이야기가 아직도 나에게 진한 여운으로 남아 있다.

"한국에 있는 많은 친구들이 하나같이 제게 '넌 헬조선을 떠나서 좋겠다'고 말합니다. 마치 제가 캐나다에 있다는 사실만으로도 성공을 보장받았다는 뉘앙스죠. 하지만 세계 최강국인 미국이나 세계 경제 2위의 대국인 중국, 전통적인 경제 강국 독일이나 일본과 같은 나라에서 태어났다고 무조건 성공할 수 있을까요? 어떤 나라든 각 시대를 살아가는 청춘들에게는 저마다의 십자가가 주어지기 마련입니다. 그 십자가의 무게를 견디는 것은 오롯이 본인의 몫입니다. 헬조선이라는 말로 잠시 정신 승리를 하면 본인의 미래가 달라질까요? 죽을 만큼 노력했음에도 불구하고 성공하지 못했다면 그때 국가에 대해 차진 욕을 하든 말든 아무도 지적하지 않을 것입니다. 무조건 남 탓을 하기 전에 자신의 부족한 부분을 먼저 인정하고 이를 채우기 위한 노력이 우선임을 기억해야 합니다."

퍽 야무진 말투로 딱 부러지게 동시대 청춘들에게 직언을 날린 이 청년은 현재 연매출 3,000만 달러의 기업을 운영하고 있다. 나와 처음 만났을 당시만 해도 연매출 100만 달러가 채 되지 않을 정도로 이제 막 스타트업을 벗어난 상태였는데, 반드시 크게 성장할 것이란 나의 예상대로 불과 2년 만에 3,000퍼센트 이상의 성장을 이루어낸 것이다. 사실 당초 나의 예상보다 훨씬 더 빠르게 성장했으니 보이지 않는 곳에서 얼마나 처절하게 노력했을지 미루어 짐작할 수 있을 터다.

지금까지 나의 이야기를 정리하면 결국 '노력하라'는 한 단어로 압축된다. 지나가는 개한테 말해도 콧방귀를 뀔 만큼 너무나 당연한 이야기다. 하지만 이처럼 당연한 일을 하루도 빠짐없이 실행에 옮기는 것은 결코 쉽지 않다. 오늘 하루의 즐거움을 뒤로하고 보이지 않는 미래의 성공을 위해 절차탁마切磋琢磨하는 것은 피 끓는 청춘들에게는 고문이나 다름없기 때문이다.

당연한 일이 더 이상 당연한 일이 아니게 된다면 우리는 퍽 난처한 상황에 처하게 될 것이다. 예컨대 당연하게 숨을 쉬고 당연하게 음식을 섭취하며 당연하게 잠을 자는, 이런 당연한 일상이 당연해지지 않는다면 인간은 생명을 지킬 수 없다. 같은 맥락에서 고금을 관통하는 진리인 '성공에는 반드시 노력이 필요하다'는 당연한 인과 관계를 지키지 못한다면 결코 성공이란 달콤한 열매를 수확하지 못하는 것이다.

지금 당연하게 흘러가는 일상은 결코 영원하지 않다. 오늘 하루 나태함으로 그 자리에 머물러 있다면, 성공이라는 목적지로 가기 위해 내일은 두 배 더 땀 흘려야 한다는 사실을 명심해야 한다. 나 역시 코흘리개 어린 시절이 있었고, 들끓는 피를 주체하지 못하던 청춘도 겪었다. 대부분의 아이들이 그렇듯 학창 시절 공부를 싫어했던 탓에 부모님이 누누이 강조하시던 "공부도 다 때가 있다"는 말을 한 귀로 흘려 들었다. 부모님 말씀이 진리였음을 깨닫기까지는 꽤 오랜 시간이 걸렸던 것 같다.

'그때 공부 좀 열심히 할걸.'

아마 지금 헬조선이라는 단어로 자기 위안을 하는 대다수의 청춘들도 나와 같으리라 확신한다.

이 책을 쓰기까지 나는 한 가지 고민과 끊임없이 싸워야 했다. 그 고민의 실체는 바로 두려움이었다. 그 어떤 좋은 말도 스스로 깨닫지 못한다면 그저 담 밖을 지나가는 개 짖는 소리나 다름없다는 사실을 너무나 잘 알고 있기에, 그리고 내가 말하고자 하는 바가 모두 너무나 당연한 일이기에 독자들에게 어떠한 감흥도 줄 수 없으리라는 두려움이 스스로를 주저하게 만들었던 것이다. 하지만 그것조차 나의 오만한 생각이라는 결론에 도달했다.

세상에 그 누구라도 성공에 이르는 가장 확실하고 특별한 지름길을 알고 있지는 않다. 빌 게이츠도, 스티브 잡스도, 워런 버핏도, 각자 성공에 이르는 길은 모두 달랐다. 공통점은 오직 하나, 누구보다 해당 분야에서 성공하기 위해 노력했다는 사실이다.

부디 나의 미련하고 힘겨웠던 지난 세월의 소회를 통해 우리나라 청춘들이 새로운 도전의식을 갖길 바란다.

'아무런 스펙도, 백도 없는 이영현도 저렇게 성공했는데 나라고 못하겠는가!'

나는 성공했다. 키도 작고 아무런 준비도 없이 그저 건강한 몸뚱이와 열정 하나만으로 사업에 뛰어든 천둥벌거숭이 나조차 이제는 남들이 바라 마지않는 경제적 성공을 이루었다. 이런 나도 성공했는데 나보다 훨씬 스마트하고 똑똑한 우리나라 청춘들이 왜 현재를, 왜 조국을 원망하며 아까운 시간을 헛되이 보내고 있는가?

단 한 명이라도 좋다. 부디 나의 이야기를 통해 자신을 냉정하게 되돌아보고 스스로의 부족함을 인정하며, 이를 채우기 위한 '노력'을 시작하길 바란다.

나는 참 미련했다. 한국을 향한 마음이 조금만 덜했더라면, 그게 아니더라도 그저 장사꾼으로서 일에만 충실했다면, 그래서 독일과 일본 제품을 판매했다면 아마 무역사에 길이 남을 만큼 큰 성공을 거두었을지도 모른다. 하지만 아이러니하게도 이 미련한 애국심이 있었기에 지금의 내가 있을 수 있었다. 동종업의 다른 동료들은 철새처럼 이리저리 유행을 좇아다니다가 줄줄이 문을 닫았지만, 나에게는 한국 전문 무역인이라는 굳은 심지가 있었기에 수많은 위기 속에서도 탈출구를 찾을 수 있었다.

나는 입버릇처럼 "내가 한국 제품만 팔다가 망하더라도 한국 최고의 애국자라는 자부심으로 평생을 웃으며 살 수 있을 것 같다"고 말하곤 한다. 혹자는 망할 때를 대비한 그럴듯한 핑곗거리라고 폄하하기도 할 것이다. 하지만 티끌 한 점만큼의 부끄러움도 없는 솔직한 나의 철학이자 신념이다.

한국이 있었기에 나 이영현이 있고, 나아가 1억 달러 이상의 매출을 올리는 영리무역이 존재할 수 있었다. 오죽하면 "나 죽을 때 관은 한국산으로 써달라"는 우스갯소리를 하겠는가. 비록 한국에 있던 시간보다 해외를 떠돈 세월이 훨씬 길었지만, 그래도 나는 당당한 대한민국 국민이다.

존재 자체만으로도 반짝반짝 빛나는 푸르른 우리 후배들에게 황혼의 끝에 다다른 선배로서 한 가지 부탁하고자 한다. 이제는 부디 헬조선이란 아픈 단어를 사용하지 말아달라는 것이다. 무조건적으로 조국을 사랑하라는 게 아니다. 다만 의미 없는 조국에 대한 비난으로 자신의 소중한 시간을 낭비하지 않길 바라는 마음이다. 남 탓할 여유가 있다면 그 시간을 자신의 발전과 성장을 위한 거름으로 써라. 너무나 당연해서 이제는 진부하기까지 한, "결과는 결코 노력을 배신하지 않는다"는 속담의 실체를 직접 체험할 수 있을 것이다.

당연한 진리를 당연한 일상으로 끌어내릴 때 당연한 진리의 끝자락에 위치한 '성공'이란 목표가 닿을 수 있는 현실로 다가온다는 사실을 기억하기 바란다.

대한민국 청춘들이여,
결코 아프지 마라

경복고등학교를 다니던 1956년, 나는 우연한 기회에 당시로서는 접하기 힘든 아이스하키를 배울 수 있었다. 미국에서 유학을 하던 한 지인이 스케이트를 선물해준 덕분이었다. 전쟁 후 모든 것이 엉망이던 때, 얼음을 지치며 퍽을 주고받는 아이스하키는 내게 삶의 전부였다. 모든 것이 부족한 시대였기에 넉넉한 지원을 받으며 운동을 한 것은 아니었다. 어떤 때에는 논바닥 얼음을 경기장 삼아 조악한 나무막대기로 하키를 즐기기도 했다.

당시 우리나라에서 취급하는 대부분의 아이스하키 장비는 캐나다산이었다. 지인이 선물한 스케이트로 당신의 아이가 논두렁에서 뛰노는 게 안쓰러웠던지 부모님이 어렵게 스틱을 마련해주셨는데 거기에도 'Made in

Canada'란 문구가 새겨져 있었다. 아이스하키가 삶의 이유였던 나에게 캐나다는 신앙이나 다름없었다. 아무것도 모르던 10대 코흘리개 시절, 캐나다는 그렇게 내게 세계 최고의 나라로 각인됐다.

그때부터 나는 '나만의 세계 최고 나라' 캐나다로의 유학을 꿈꿨다. 아이들과 한창 티격태격 다투다가도 "난 이다음에 캐나다에 갈 거야!"라고 소리를 지르곤 했다.

이제 와 생각해보면 나는 정말 무식했던 것 같다. 외국으로의 여행조차 쉽지 않았던 당시 사회적 분위기에도 불구하고 오직 캐나다에 갈 거란 막연한 목표를 이루기 위해 고등학교를 졸업하자마자 공군에 자원 입대를 했던 것이다. 고등학교 시절 아이스하키 선수로 활동하며 성적도 제법 좋은 편이었기에 부모님과 선생님들은 나의 대학 진학을 당연하게 여겼지만, 그들의 기대를 모두 뒤로한 채 이른 입대를 결정했다. 이유는 하나, 당시만 해도 병역 의무를 마쳐야 해외에 나갈 수 있는 여권을 발급해줬기 때문이다. 오직 캐나다로 가기 위한 여권을 만들기 위해 대학조차 포기한 채 입대를 결심했던 것이다.

아직 솜털도 채 가시지 않은 만 10대 소년은 그렇게 수원의 10전투비행단에서 3년 동안 군 복무를 하게 됐다. 시커먼 아저씨들 틈에서 작디작은 몸을 부대끼면서도 3년 후 캐나다에서 아이스하키를 하고 있을 자신의 모습을 떠올리며 이를 악물고 하루하루 버텨나갔다.

군대를 다녀온 청춘들이면 모두 공감할 것이다.

'내가 복무한 부대가 가장 힘들고 어려운 곳이다.'

농이 아니라 실제로 내가 복무했던 전투비행단은 일과 시간 및 복무, 내무 생활이 한가지로 힘들었던 곳이다. 단어부터 생소한 전문적인 지식을 익혀야 했음은 물론 빡빡한 일정의 복무와 밤낮을 가리지 않는 선임들의 괴롭힘을 견뎌야 했기 때문이다. 심지어 체구가 작고 가장 어린 내게 쏟아지는 관심이란 이름의 갈굼은 나를 극한의 상황으로 내몰기에 충분했다. 캐나다로의 유학을 포기할까도 심각하게 생각할 정도였으니 당시 군 생활이 어떠했을지는 미루어 짐작할 수 있을 것이다.

'거꾸로 매달아 놔도 국방부 시계는 간다'고 했던가. 절대 오지 않을 것 같던 전역 날이 찾아왔다. 전역과 동시에 군복도 갈아입지 않고 말년 휴가 때 미리 준비해둔 캐나다 유학 수속을 밟았다. 당장이라도 캐나다로 향하리라는 꿈에 부풀었지만 정작 유학을 떠난 것은 전역한 지 10개월이 지난 후였다. 해외여행이 자유로운 지금과 달리 과거에는 다른 나라를 방문한다는 것 자체가 특별한 일로 여겨졌기 때문에 각종 시험과 심사를 통과해야 했다. 무엇 하나 쉬운 게 없음을 실감했던 경험이다.

기나긴 기다림 끝에 결국 나는 캐나다행을 허가받을 수 있었다. 마침내 1966년, 부모님을 조르고 졸라 억지로 마련한 200달러를 들고 꿈에 그리던 캐나다행 비행기에 몸을 실었다. 당시 외환 관리법에 따라 소지할 수 있는 한도 금액이 200달러로, 쌀 일곱 가마니에 해당하는 정도였다. 크다면 큰 금액이었지만, 오롯이 한 몸을 의탁하기에는 턱없이 부족한 액수였다. 하지만 법을 위반할 수는 없는 노릇이었기에 바지 가장 깊숙한 곳에 200달러를 고이 보관한 채 비행기에 올라탔다.

사실 부모님 입장에서는 아직 어린 아들의 낯선 이국행을 허락하기가 쉽지 않았을 것이다. 아니, 차라리 내 눈에 흙을 뿌리고 가라고 소리 지를 만큼 불효에 가까운 선택이었을 수도 있으리라. 하지만 부모님은 당신의 못난 아들을 끝내 이기지 못했다. 부모님이 가슴 미어지는 심정일 거라는 사실을 충분히 알 만한 나이였지만, 애써 모른 체하며 오랜 꿈을 찾아 캐나다로 향했다. 구구절절한 신파극은 여기까지. 이 공간을 빌려 새삼 하늘에 계신 부모님에게 다시 한 번 감사와 사죄의 뜻을 전하고 싶다.

어쨌든 당시 나의 억지스러운 선택의 결과는 제법 해피 엔딩에 가까웠다. 개인적으로 경제적 성공을 이룬 것은 물론 나름대로의 방식으로 꾸준히 사회 환원을 지속하고 있으며, 한편으로는 후학 양성과 전 세계 한인 무역인들이 더 넓은 무대에서 활약할 수 있는 발판(세계한인무역협회, World-OKTA)을 마

대한민국 1세대 무역인인 이영현 회장은 전 세계 한인 무역인들의 화합을
위해 '세계한인무역협회'를 발족, 창단 멤버로서 다양한 활동을 펼쳤다.

련했으니 말이다.

6·25 전쟁이 끝나고 난장판이 된 남대문 시장을 오가며 학교를 다녔던 나에게 캐나다는 신세계였다. 피란민들과 기존의 장사꾼들이 하루에도 수십 번씩 주먹질을 해가며 생존을 위해 치열하게 싸우던 남대문 시장의 모습은 찾아볼 수 없었다. 자연과 문명이 적절하게 어우러진 캐나다는 오랫동안 스스로 세계 최고의 나라라 믿었던 상상 속 모습 그대로였다.

한창 세계를 누비며 무역에 열중하던 시절, 나는 우리나라 청춘들이 마치 새장 속 파랑새와 같이 느껴졌다. 다른 나라에 비해 땅덩이가 턱없이 좁은 나라, 그것도 전쟁을 갓 지나온 소위 개발도상국의 입장이었던 대한민국이란 나라에 갇혀 있기에는 그들의 열정과 능력이 지나치게 뛰어났기 때문이다. 너무나 아까운 마음에 더 넓은 세상으로 도전할 수 있는 물꼬를 터주고 싶다는 생각만이 가득했다. 이런 생각은 지금도 마찬가지

로 내 가슴에 가득 품고 있다.

현재 젊은이들이 가장 원하는 직업 1위가 '공무원'이라는 기사를 접했을 때, 하늘이 무너지는 느낌이었다. 비단 늘 스스로를 증명하기 위해 칼날 위를 걷는 듯한 삶을 살아온 나의 지난 과거와 비교되기 때문만은 아니다. 세계 어느 나라의 청년들보다 훨씬 더 훌륭한 원석이라 자부하는 우리나라 청춘, 자랑스러운 대한민국 후배들이 공무원이라는 작은 틀에 얽매인 채 자신의 재능과 시간을 낭비하고 있는 게 안타까운 탓이다. 물론 공무원이란 직업을 부정적으로 평가하는 것은 절대 아니다. 하지만 비정상적일 정도로 공무원에 집착하는 현재의 흐름은 결코 올바르지 않다. 당당한 대한민국 1세대 무역인이라 자부하는 내가 가장 자랑스럽게 생각하는 성과인 세계한인무역협회의 발족도 이와 같은 맥락에서 시작됐다. 협회를 창설한 수많은 동료 무역인들이 '선배로서 아무런 방향도 제시하지 않고 무조

'차세대 무역스쿨'의 창시자이자 16년째 사비를 털어 전 세계 곳곳에서 강의를 하고 있는 이영현 회장의 마지막 꿈은 자신을 뛰어넘는 후배가 단 한 명이라도 등장하는 것이다.

건적인 도전만을 주장한다면 받아들이는 후배들의 입장에서는 강요 혹은 강압 그 이상도, 그 이하도 아니다'라는 데 뜻을 모았던 것이다.

세계 곳곳에 태극기를 휘날릴 새로운 후배들을 육성하기 위한 요람이 바로 세계한인무역협회의 설립 취지다. 현재 전 세계 74개국에 약 147개 지회가 설립된 세계한인무역협회는 한인 청년들의 글로벌 경제리더 육성을 위해 다양한 지원과 교육을 시행하고 있다. 하지만 이처럼 세계를 향해 출사표를 던지는 젊은 친구들은 소수에 불과하다. 또한 이 중 대다수가 유학이나 가정사로 인해 어린 시절부터 외국에 거주해 익숙해진 경우가 많다. 쉽게 말해 나처럼 아무런 준비 없이 맨땅에 헤딩 하는 사례는 극히 드문 것이다. 이 같은 수치는 결국 두려움에서 비롯된 결과다. 열정과 도전 정신이 충만한 청춘이라고 할지라도 아무런 지원이나 비빌 언덕이 없다면 쉬이 결정하지 못할 수밖에 없다.

그럼에도 불구하고 나는 후배들에게 그러한 두려움을 깨라고 이야기하고 싶다. 고인 물은 썩기 마련이고, 궁하면 통하듯이 스스로 현재 상황을 벗어나기 위해 노력한다면 어떻게든 길을 찾을 수 있기 때문이다.

나는 어떤 시도도 하지 않는 잔잔한 삶보다는 좌충우돌 깨지더라도 한껏 부딪히는 도전을 선호한다. 항상 지금보다 나은 내일을 목표로 하는 까닭에 성장과 발전을 위한 변화와 혁신을 게을리하지 않으려 노력한다.

　요즘은 돌잔치에서도 일부러 아이에게 돈을 집게 하려는 모습을 흔히 볼 수 있다. 군이 돌잡이 아이가 아니더라도 10대부터 삶의 황혼에 가까워진 80~90대까지 나이를 불문하고 돈에 대한 욕심은 누구나 대동소이할 것이다. 그래서일까. 많은 사람들이 나의 경제적 성공의 척도를 구체적으로 알고 싶어 한다. 통장에 찍힌 액수나 보유하고 있는 건물의 수가 궁금한 모양이다. 물론 어떤 의미로든 정확한 재산 규모를 밝히는 것은 그리 바람직하지 않다. 다만 나와 같이 도전을 지향하는 삶이 긍정적인 결실을 맺는다면, 남들이 바라 마지않는 '경제적 자유'를 얻을 수 있다는 사실만은 명확하게 밝히고 싶다. 어느 누군가는 '세속적이다'라고 지적할 수 있겠지만 자유경제사회를 살아가는 우리에게 돈이란 행복한 삶을 살아가기 위해 매우 중요한 요소이기 때문에 결코 외면할 수 없다.

　여기서 한 가지 분명히 짚고 넘어가고 싶은 부분은, 결코 나와 같은 길은 걷지 말라는 것이다. 역설적이지만 나는 그 시대에 맞는, 그리고 우연을 가장한 인연의 중첩 덕분에 여기까지 올 수 있었다. 그럴듯한 사업 준비는커녕 간단한 무역 용어조차 알지 못해 큰 손해를 볼 뻔한 적도 있었다. '열심히 노력하면 된다', '진인사대천명'과 같이 무책임한 말에 현혹되어 아무런 준비 없이 무작정 사업에 뛰어들지는 말아야 한다.

결국 사업도 자신이 가진 장점의 연장선상에 놓일 때 더 좋은 결과를 기대할 수 있다. 나와 달리 충분한 교육을 통해 각종 전문 지식과 자신만의 발상을 가진 지금 청춘들은 선택의 폭이 훨씬 넓을 터다. 예컨대 자신이 컴퓨터 관련 분야의 전문가라면 최근 주목받고 있는 드론이나 로봇에 필요한 프로그램이나 기술을 개발할 수 있을 것이다. 내가 후배들에게 도전을 권유하며 그 근거로 '나'를 내세우는 이유가 바로 이것이다. 나는 아무런 재능도, 기술도, 지식도 없었다. 그저 '살기 위해' 허접한 목공예품 몇 점을 들고 방문 판매를 했을 따름이다. 당신들보다 한참 부족한 내가 이렇듯 잘사는 게 부러운가? 나와 당신들의 차이는 단 하나, '도전을 했느냐, 도전을 하지 않았느냐'일 뿐이다.

대한민국의 수많은 청춘들은 이미 성공할 수 있는 충분한 조건을 갖췄다. 우리 후배들에게 부족한 것은 그저 아주 작은 도전의 계기가 아닐까. 자신이 새롭게 개척하는 길이 아니라면 앞서 길을 걸은 선배들을 자주 찾아보길 바란다. 비록 그들의 시대와는 다를지 몰라도 결코 성공을 꿰는 핵심은 바뀌지 않는 법이다.

직접 실패를 경험하며 성공을 도모하는 이른바 '에디슨식' 성공 공식은 반드시 지양해야 한다. 할 수 있는 모든 방법을 동원해 본격적으로 사업을 시작하기 전에 단 0.001퍼센트라도 실패 확률을 줄이려는 노력이 필요하다. 이러한 맥락에서, 만약 나의 노하우가 필요하다면 언제든 문을 두드리기 바란다. 전 세계 어떤 나라 학생들의 메시지에도 나는 반드시 대답을 해주곤 한다. 후배들에게 작은 도움이라도 될 수 있다면 내 밑천의 바닥까지 박박 긁어서 아낌없이 선물하겠다.

나는 항상 '왜 청춘은 아파야 할까?', '왜 우리 후배들에게 불필요한 고생을 강요할까?' 등의 생각을 했다. 비록 성공에 이르는 지름길은 아닐지라도 앞서 길을 걸었던 선배로서 얼마든지 그들에게 좀 더 편하고 좋은 방법과 올바른 방향을 알려줄 수 있음에도 불구하고 그저 자신들과 같은 고행길을 강권하는 모양새가 퍽 불편했다. "젊어서 고생은 사서도 한다"는 속담처럼 무책임하고 시대착오적인 주장도 없을 것이다.

캐나다에서 자주 방문하는 레스토랑의 주방장이 나와의 식사 자리에서 요식업계의 부조리함을 고백한 적이 있다. 4~5년에 달하는 시간 동안 허드렛일을, 그것도 최저임금에도 미치지 못하는 월급을 받으면서 견딘 후에야 비로소 조금씩 관련 기술을 배울 수 있다는 것이었다. 이는 우리나라 역시 마찬가지다. '셰프 전성시대'라고 할 만큼 수많은 스타 셰프들이 대중에게 얼굴을 알리며 직종에 대한 선호도와 이미지가 크게 개선된 것은 사실이지만 여전히 선배의 노하우를 얻기까지는 꽤 오랜 인고의 시간이 필요하다.

나는 적어도 '선배'라는 호칭으로 불리는 위치에 있다면 후배들에게 아낌없이 주는 나무가 돼야 한다고 생각한다. 하등의 도움도 주지 않고 노하우라는 이름의 꿀단지를 자기만 위해 쓴다면 양심상 선배라는 호칭과 권리는 내려놔야 하지 않을까?

예전에 원단 무역업을 하던 한 후배가 모임 자리에서 헝가리 원단을 도통 구할 수 없다는 하소연을 한 적이 있다. 나는 그 자리에서 곧바로 세계한인무역협회 헝가리지회에 전화를 걸어 지역 최대 원단업자와의 거래를 주선했다. 그저 짧은 전화 두어 통이 전부였다. 조금 앞서 무역업을 시작한 선배로서 그간 쌓인 경험과 인맥을 잠시 활용했을 뿐이었지만, 길을 찾지 못해 헤매던 후배에게는 나의 도움이 마치 한 치 앞도 보이지 않는 어두운 바다에서 만난 등대와도 같이 느껴졌을 터다. 그렇다고 내가 어떤 형태의 손해를 본 것도 아니다. 오히려 후배는 물론 얼굴도 모르는 헝가리 원단업자 양측에게서 새로운 사업의 계기를 마련해준 것에 대한 감사 인사까지 전달받았다.

앞서 말한 대로 만약 자신이 나름대로 선배의 위치에 있다고 생각한다면 후배들에게 '실질적인 도움'을 줄 수 있는 가시적인 능력과 넉넉한 마음을 가져야만 한다. 나의 성공은 결코 나 혼자만의 힘으로 이룬 게 아니다. 주변의 수많은 사람들의 도움과 복잡하고 유기적인 인간관계의 틈바구니에서 운 좋게 얻어낸 우연의 산물로 여기며 그 행운을 후배에게 돌려주기 위해 노력하는 것이야말로 이 시대 선배로서의 사명이라고 생각한다.

대한민국의 수많은 청춘들이여, 결코 아프지 마라. 스스로에게 상처를 입히는 고통은 자신의 성장에 어떤 도움도 되지 않는다. 뼈는 부러진 후 더 단단해진다고 하지만, 마음을 할퀴고 간 실패의 흔적은 결코 아물지 않는다.

가능한 한 선배의 밑천을 탈탈 털어라. 주지 않는다면 빼앗아서라도 선배의 경험과 노하우를 습득하길 바란다. 그 모든 과정이 성공으로 향하는 고속도로를 단단하게 만들어주는 소중한 재료가 될 것이다. 그리고 다시 한 번, 본인 스스로가 선배의 위치에 있다고 생각된다면 부디 자신이 할 수 있는 만큼 후배들에게 베풀기를 바라고 또 바란다. 지금 당신의 작은 호의가 후배들에게는 훗날 큰 성공의 밑거름이 될 수도 있고, 이는 나아가 대한민국의 경쟁력 제고로 이어질 것이다.

"아끼다 똥 된다"는 우리네 속담처럼 지금은 대단한 노하우처럼 느껴질지 몰라도 찰나의 시간이 지나면 그저 케케묵은 옛 지식으로 전락할 뿐이다. 자신의 주머니를 후배들에게 통째로 넘겨도 아깝지 않은, 아낌없이 주는 나무와 같은 선배가 되길 바라 마지않는다.

한 가지 더, 후배들을 위한 모든 행동은 결국 나 스스로에게도 도움이 된다. 일방적으로 후배에게 무언가를 뺏긴다는 공식은 처음부터 성립하지 않는다는 의미다. 이에 대한 근거는 멀리서 찾을 것도 없다. 나부터 이와 같은 경험이 있기 때문이다.

이제 와 고백컨대 나는 스마트폰을 처음 접했을 때 문자는커녕 전화조차 제대로 하지 못했다. 아날로그가 익숙한 내게 첨단을 걷는 스마트폰은 영 익숙해지지 않는 돼지 목의 진주와 다름없었다. 하지만 변화하는 세상을 따라가려면 울며 겨자 먹기 식으로라도 스마트폰에 익숙해져야 했다. 학원이 따로 있는 것도 아닌 까닭에 그저 벙어리 냉가슴 앓듯 흐린 눈에 힘을 줘가며 독학으로 스마트폰을 공부한 지 여러 날이 지났지만 진도는 늘 제자리걸음이었다. 종종 울화가 치밀어 휴대전화를 던져버리고 싶은 충동에 휩싸이기도 했다.

오랫동안 표류하던 낯선 디지털의 망망대해에서 나를 구해준 것은 주변의 후배들이었다. 스마트폰을 들고 낑낑거리는 내가 안쓰러웠던지 후배들은 너나 할 것 없이 기꺼이 그들의 지식을 나눠줬다. 마치 선배가 후배를 위해 노하우를 전수해주는 것마냥 말이다. 결국 나는 후배들의 도움으로 스마트폰 마스터로 거듭날 수 있었다. 어느 누군가에게는 일상에 불과한 당연한 지식이 내게는 더없이 소중하고 특별한 노하우였던 셈이다. 여담이지만 산수(80세)를 향해가는 나이가 무색할 만큼 지금의 나는 누구보다 빠르게 모바일 메신저를 보내고, 와이파이로 인터넷을 이용할 수 있을 정도로 스마트폰에 능숙해졌다. 모두 후배들의 가르침 덕분이다.

수많은 인간관계 중 일방적인 건 부모의 내리사랑, 단 하나뿐이다. 이외에는 어떤 관계든 어느 한쪽에게만 이익이 되지 않는다. 내가 10을 주고 비록 5밖에 받지 못한다 하더라도 어느 정도의 주고받음은 발생하기 마련인 것이다.

사비로 전 세계에서 강의를 진행해온 나 역시 후배들에게 참 많은 선물을 받았다. 오롯이 후배들에게 베풀기만 한다는 나의 생각이 큰 오산이었음을 깨닫기까지는 그리 오랜 시간이 걸리지 않았다. 하루에도 수십 통씩 날아드는 후배들의 감사 메시지는 나의 가치를 증명해주고, 수많은 청춘들의 열정과 활력을 나눠 받으니 하루하루가 새롭다. 내가 후배들을 위하는 마음 이상의 충분한 보상을 돌려받은 것이다.

자신에 비해 경험과 노하우가 부족한 후배라고 할지라도 분명 그들에게서 배울 점이 있다. 아니, 오히려 나날이 변해가는 현대사회에서 뒷방 늙은이 취급이나 받으며 뒤처지지 않으려면 청년들과의 적극적인 소통이 필요하다. 내가 그들의 스승이 아니라 차라리 그들이 나의 스승이라는 표현이 더욱 적절한 이유다.

선배들이여, 뺏긴다고 생각하지 마라. 후배들을 위한 그 모든 행보는 곧 나 스스로를 위한 일임을 명심해야 한다. 반대로 후배들이여, 빼앗는다고 생각하지 마라. 선배에게서 받은 노하우와 도움을 토대로 자신의 발전과 성공을 이룬다면 이미 그것만으로도 충분한 보상이다. 배려와 나눔이 상생과 동반 성장으로 이어지는 선후배 간의 선순환 관계가 새롭게 정립되길 바라고 또 바라본다.

참는 자에게 복이 온다?
참는 자에게 돈이 온다!

지금까지 한 이야기와 달리 정작 나는 캐나다 유학이란 큰 결정을 앞두고 조언을 구할 선배가 없었다. 거구들이 즐비한 아이스하키 본토 캐나다에서는 키가 165센티미터인 왜소한 체구의 동양인이 설 자리가 없다는 말을 들었더라면 달랑 200달러만 손에 쥐고 이역만리 타국으로 향하지는 않았을 것이다.

아무런 준비 없이 사업을 시작한 탓에 수많은 위기를 겪었던 것처럼, 희망과 설렘이 가득했던 유학길이 가시밭길로 판명나기까지는 그리 오랜 시간이 걸리지 않았다. 어린 시절 접했던 아이스하키에 반해 무작정 캐나다로 향했던 그때, 나는 영어 'fire'가 해고라는 의미인 것도 모르던 일자무식이었다.

명색이 한국에서 알아준다는 고등학교를 나왔다는 놈이 아이스하키에 빠져 공부를 게을리했던 탓에 영어 한마디 하지 못했기에 입국 심사부터 난관에 봉착했다. 영어 단어조차 모르는 놈이 감히 문장을 알아들을 수 있었겠는가? 이민국 직원이 웃으면 "Yes", 찡그리면 "No"라고 대답하는 게 최선이었다. 어려운 생활에 익숙해진 눈칫밥이 의외의 장소에서 힘을 발휘한 것이었다.

동양에서 온 작은 체구의 내가 안쓰러워 보였던지 입국 마지막 관문인 세관에서 근무하던 한 직원이 최종 입국 허가를 내준 후 직접 버스 정류장까지 나를 안내해줬다. 지금 생각하면 무탈하게 캐나다 생활을 시작하게 해준 은인이었던 셈이다.

'직항'이나 '한 차례 경유'가 일반적인 지금과 달리 여러 곳을 경유해야 했던 1960년대만 해도 비행시간은 아득하게 예상을 초월할 정도로 길었다. 내가 서울에서 출발해 캐나다 땅을 밟기까지 걸린 시간은 정확히 45시간. 작은 체구에도 불구하고 몸을 한껏 구겨 넣어야 할 만큼 좁은 좌석에서 꼬박 이틀을 보냈으니 제정신을 유지한다는 게 어불성설이었다. 우여곡절 끝에 입국을 허가받은 나는 무엇보다 푹신한 잠자리가 간절했다. 쌀가마니 일곱 개에 해당하는 꽤 큰 금액인 200달러를 손에 쥔 터라 하루 정도는 사치를 부려도 좋겠다는 생각이었다.

세관 직원이 안내해준 대로 버스를 탄 후 다운타운에 내린 나는 가장 먼저 눈에 띈 호텔에 들어갔다. 지금 되짚어보면 그리 좋은 시설도 아닌, 우리나라로 치면 모텔급 숙박업소였지만 1박에 무려 11달러이란 가격을 지불해야 했다. 하룻밤 숙박료가 내 전 재산의 20분의 1이라니! 순간 머릿속으로 하루 식대와 숙박료 등 생활비를 계산한 나는 단 하루라도 호텔에서 머무를 수 없다는 결론에 도달했다.

'무조건 숙박부터 해결하고 보자.'

일의 우선순위를 정한 나는 낯선 이국 거리를 하루 종일 헤매며 거처를 찾았다. 인터넷이나 부동산중개소를 통해 방을 얻는 지금과 달리 당시 캐나다는 임차를 원하는 집주인이 직접 문에 '방을 세놓는다(Room for Rent)'와 같은 문구를 걸어놓곤 했다. 나는 해당 문구가 눈에 보이는 족족 문을 두드리며 가격을 알아봤다. 그렇게 수십 곳을 방문해 가격을 문의하고 나면 작은 수첩에 주소와 렌탈료를 기록하면서 최저가를 찾기 위해 노력했다.

사실 캐나다에 처음 방문한 나로서는 적절한 집세를 가늠할 수 있는 기준이 없었다. 서울 집세가 얼마인지도 모르는 내가 언감생심 캐나다 임대 시세를 알 수는 없는 노릇이었다. 그저 발품을 팔아 직접 가격을 비교하는 게 최선이었다.

여담이지만 당시 집을 구하기 위해 캐나다 토론토의 다운타운을 헤집고 다녔던 경험은 무역을 하는 나의 삶에 매우 긍정적인 영향을 미쳤다. 무엇이든 직접 확인하지 않고서는 결코 사업의 진행 여부를 결정하지 않는 기준이 확립된 근간이었던 것이다. 세계 최고의 투자 전문가 워런 버핏의 "투자에 있어 가장 중요한 것은 안정성이다"라는 말처럼, 지나친 위험성이 동반된 높은 기대 수익보다는 확실하고 안정적인 수익을 추구하는 영리무역 사업 철학의 시발점이 된 것이 바로 이때였다.

다시 본론으로 돌아와, 그렇게 영어 한마디 못하던 내가 꼬박 반나절 이상 다운타운을 헤집고 다닌 끝에 선택한 집은 도시 끝자락 모퉁이 즈음에 위치한 지하방이었다. 낮에도 빛이 들지 않는 캄캄한 움막 같은 지하방의 한 달 월세는 8달러. 식대와 생활비를 포함해도 1년 정도는 버틸 수 있을 거라는 계산이 나왔다.

쑥스럽지만 조금 자화자찬을 해보자면, 소위 '없는 살림'에도 불구하고 수년 동안 캐나다에서 버틸 수 있었던 것은 이러한 빠른 계산 덕분이라고 생각한다. 밝고 즐기는 것이 우선인 이태리인이 아닌, 돌다리도 두들겨보고 건넌다는 독일인과 비슷한 성향을 가진 것 역시 무역인으로 성공적인 커리어를 쌓을 수 있었던 이유 중 하나다.

45시간의 비행과 반나절의 집 찾기를 마치고 나자 몸은 말 그대로 천근만근이었다. 퀴퀴한 곰팡이 냄새에도 아랑곳하지 않고 까무룩 곯아떨어진 나는 무려 열다섯 시간을 잔 후에야 겨우 정신을 차릴 수 있었다. 이전에도, 이후로도 그날보다 길게 잠을 잔 적은 없었다. 말 그대로 이역만리 타국, 캐나다에서의 잊지 못할 첫날밤이 그렇게 지나갔다.

꿀맛 같은 잠으로 여독을 어느 정도 해결하고 나니 이번에는 배 속에서 난리가 났다. 배 속에서 난리가 난 탓에 억지로 잠이 깼다고 느껴질 정도로 극심한 허기가 몰아쳤다. 제대로 씻지도 못하고 잠을 잔 탓에 꾀죄죄한 모습이었지만 허기는 그러한 민망함마저 잊게 했다. 낡은 슬리퍼를 신고 한참을 헤맨 끝에 근처 슈퍼마켓에 다다른 나는 가장 싸고 양이 많은 음식인 큼지막한 토스트빵(식빵) 한 봉지와 우유 한 팩을 구입해 집으로 돌아왔다. 뻑뻑하고 맛없는 식빵에 우유 한 잔이 캐나다에서의 첫 식사였던 것이다.

한정된 공간 탓에 식사조차 마음대로 못했지만 그래도 돈은 어린아이 곶감 빼먹듯 시나브로 줄어들었다. 그렇게 일주일 정도가 지난 후 다시 한 번 생활비를 계산해보니 현재 가진 돈으로 6개월간 생활하려면 식비로 하루 1달러 이상을 사용하면 안 된다는 결론이 나왔다. 하루 1달러, 지금처럼 맛대가리 없는 빵과 우유조차 마음껏 먹지 못할 만큼 턱없이 적은 금액이었다.

서울 촌놈이 처음 발을 디딘 캐나다에서 돈을 아끼기 위한 특별한 노하우가 있을 리 만무했다. 결국 집을 구할 때와 마찬가지로 그저 발품을 팔기로 했다. 한 시간 이상을 걸어 원래 다니던 슈퍼마켓보다 조금 더 먼 곳에 위치한 대형 슈퍼마켓을 찾아갔다. 크기가 큰 만큼 더 싸고 양이 많은 식료품을 구입할 수 있으리란 생각에서였다.

예상은 꼭 절반 정도만 들어맞았다. 생전 처음 보는 종류의 음식들이 즐비하게 진열돼 있었지만, 정작 예산을 충족시킬 품목은 많지 않았던 까닭이다. 그나마 직접 조리해야 하는 1차 식품군은 대체로 저렴했지만, 조리 도구조차 없는 처지였기에 애당초 고려 대상이 아니었다.

도통 마음에 차는 음식을 발견하지 못하고 마켓 내부를 방황하던 중 마치 운명처럼 한국에서는 귀한 음식으로 대우받는 통조림이 가득 찬 진열장을 마주하게 됐다. 서울에 살 때 딱 한 번 맛본 스팸 통조림이 줄지어 늘어서 있는 모습은 지금 생각해도 장관이 아닐 수 없었다.

나에게는 꿈의 음식이었던 스팸 통조림의 가격은 1달러에 네 개. 하루 식비인 1달러로는 충분했지만, 아직 한창 나이인 내게 한 끼에 스팸 하나는 턱없이 부족한 양이었다. 게다가 염분이 낮은 우리나라 제품과 달리 한 조각에 밥 한 공기는 뚝딱 해치울 정도로 짜디짠 고염분이었다. 이것이 스팸만으로 배를 채우기가 망설여진 까닭이다. 그렇게 한참을 고민하던 중 내 눈에 또 다른 문구가 들어왔다.

'1$=8(eight)'

비슷한 모양과 디자인, 게다가 스팸보다 조금 더 큰 통조림이 1달러에 여덟 개라는 문구였다. 나는 망설임 없이 통조림을 한 아름 들어올렸다. 당시 한국에서는 통조림을 간쓰메(일본어로 '통조림')라고 불렸는데, 전쟁이 끝난 우리나라에서는 통조림이 귀했기 때문에 무조건 맛있고 고급스러운 음식이라는 인식이 있었다. 게다가 한국에서는 돈이 있어도 넉넉하게 구하기 힘들 만큼 물량이 적은 마당에 여덟 개에 1달러라는 저렴한 가격의 통조림이라니! 맛과 영양을 떠나서 최대한 많이 구입해야 할 이유는 차고 넘쳤다.

이후 6개월 동안 나의 식사는 오직 그 통조림뿐이었다. 마치 스팸과 고기를 반씩 섞어놓은 것 같은 그럴듯한 맛도 괜찮았지만, 무엇보다 매 끼니마다 두세 개씩 먹어도 될 만큼 가격이 저렴했기에 제법 든든하게 배를 채울 수 있었다. 그때만 해도 맛같은 건 중요하지 않았다. 그저 배만 부르다면 무엇이든 좋을 정도로 모든 게 부족했던 생활이었다.

작은 체구의 동양 꼬마가 일주일에 한 번씩 몇 십 개의 통조림을 사가는 모습이 신기해서였을까. 슈퍼마켓 직원들은 종종 내게 이런 질문을 던졌다.

"Do you like animal?"

동물을 좋아하냐는 질문의 속뜻도 모르고 그저 나에게 대화를 시도했다는 기쁨에 나는 앞뒤 생각할 것 없이 "Yes!"라고 대답하며 환하게 웃어 보였다. 이후 알게 된 충격적인 사실은, 지난 6개월간 내 주식이었던 통조림의 실체가 바로 '동물 전용 통조림'이었다는 것이다. 그렇다, 내가 캐나다에서 가장 많이 먹은 음식이 바로 동물 전용 통조림이었다. 간단한 영어 단어조차 제대로 알지 못했던 탓에 통조림의 실체를 파악하기까지 무려 6개월이 걸렸다.

통조림의 진실에 대해 알게 된 날, 나는 동물 전용 통조림을 손에 들고 한참을 웃었다. '나에게는 세계 최고의 나라, 캐나다에서는 동물이 먹는 통조림까지 최고구나!'라는 생각에 피식피식 웃음이 터졌던 것이다.

물론 이후로는 동물 전용 통조림을 먹지 않았지만, 내심 혹시 건강에 문제가 생기지는 않을까 하는 걱정이 들기도 했다. 그러나 50년이 지난 지금까지도 아무런 문제가 없는 걸 보면 타고난 체질이 좋은 것 같다. 그것도 아니면 캐나다산 동물 전용 통조림의 품질이 그만큼 좋았을까? 지금은 그저 재미있는 에피소드 정도에 불과하지만 당시 경험은 내게 많은 것을 시사했다.

'모르면 당할 수밖에 없다.'

만약 내가 통조림에 쓰여 있는 간단한 영어 단어만 알았더라도 바보처럼 동물과 같은 음식을 먹지는 않았을 것이다. 행여 나의 무식함 탓에 건강까지 잃었다면 어느 누구에게 하소연할 수도 없었을 터다. 동물 전용 통조림으로 점철된 6개월 동안의 나의 식생활은 내가 그 누구보다 열심히 공부를 해야 하는 이유로 자리매김했다.

　동물 전용 통조림의 실체를 깨달은 후 다른 음식으로 식단을 바꾸니 당장 생활비가 문제였다. 하루 1달러면 충분했던 식대가 서너 배 이상 껑충 뛰게 된 것이었다. 통신 수단조차 비싸고 불편했던 캐나다에서, 그것도 반쯤은 부모의 반대를 무릅쓰고 떠난 유학길의 초입에서 또다시 원조를 요청하기에는 나의 자존심이 허락하지 않았다.

　돈 벌 궁리에 빠져 있던 나는 불현듯 손위 형들이 미국 유학 시절 접시닦이 아르바이트를 했다는 이야기를 떠올렸다. 남들이 기피하는 힘든 일인 만큼 보수가 제법 괜찮다는 데까지 기억이 이어졌다. 일을 얻기 위해 내가 할 수 있는 유일한 방법은 발품을 파는 것뿐이었다. 또다시 도시 곳곳을 돌아다니며 영업을 하는 가게라면 업종을 가리지 않고 무조건 문을 열고 들어가 "You need me?"라고 질문을 던졌다. "I'm looking for a part time job"이 올바른 표현이었지만 아직 영어를 완벽하게 구사하지 못하던 내가 할 수 있는 최선이었다.

　작은 체구의 동양인이 다짜고짜 "내가 필요해?"라고 말하니 듣는 사람 입장에서는 그저 황당할 따름이었을 것이다. 당시 캐나다 전역을 둘러봐도 한국 교포가 50명도 채 되지 않았던 만큼 한국에 대한 인식이 매우 부족했던 상황이었다. 그런 가운데 알지도 못하는 한국이라는 나라에서 건너온, 그것도 의사소통도 잘되지 않는 청년을 써주겠다는 주인이 쉽게 나타날 리 만무했다.

내가 일을 구하기까지는 꼬박 일주일이 걸렸다. 동물 전용 통조림에서 다시 캐나다에서의 첫 식사 메뉴인 토스트빵과 우유로 회귀한 지 일주일 만에 한 식당에서 오후 5시부터 새벽 2시까지 버스보이busboy로 일하게 된 것이었다.

나중에 안 사실이지만 당시 내가 일하게 된 식당은 토론토에서 가장 유명한 프랑스 레스토랑이었다. 규모가 큰 만큼 많은 직원들이 일하고 있던 그 레스토랑은 항상 일손이 부족했다. 때문에 처음 들어본 한국이란 나라에서 온 작은 청년의 손이라도 빌리고 싶었을 것이다. 나에게는 천운이었다.

나에게 주어진 버스보이는 쉽게 말하면 허드렛일을 처리하는 직책이었다. 안내, 정리, 서빙, 청소 등 대부분 육체노동이 주를 이뤘다. 일은 힘들었지만 나는 그 누구보다 열심히 일했다. 일을 열심히 하면 사장에게 인정을 받고 추후 월급도 높아질 거란 기대가 있었기 때문이다. 무엇보다 내가 캐나다로 온 목적인 아이스하키를 본격적으로 시작하기 위해서는 더 많은 돈이 필요했다. 하지만 동료들의 눈에는 정해진 근무 시간보다 더 많은 시간을 일하는 내가 마뜩찮았던 모양이다. 내가 맡은 일을 끝내고 다른 동료가 하던 접시닦이를 도와주려고 하자 벼락같이 내 뺨을 내리치는 게 아닌가! 내가 자신의 일을 빼앗으려 했다고 오해를 한 것이었다. 모두가 어려웠던 시절, 나의 호의가 다른 사람에게는 자신의 생존을 위협하는 악의로 다가갔던 셈이다.

나의 실수는 여기서 그치지 않았다. 동료와의 트러블로 인해 업무의 선을 정확하게 파악했다고 자부했지만 나는 또다시 엉뚱한 지점에서 사고를 치고 말았다.

내가 일했던 식당의 천장 곳곳에는 빨간 장미꽃이 매달려 있었다. 나는 일하는 중간중간 꽃을 보는 걸 좋아했는데 며칠 동안 살펴봐도 누구도 물을 주는 사람이 없었다. 마지막 청소를 담당하던 나는 사장을 찾아가 "내게 열쇠를 주면 마지막 정리까지 책임지고 하겠다"고 말했다. 모두 퇴근하고 나면 장미꽃에 물을 줄 심산이었던 것이다. 누구보다 열심히 일하던 나에게 좋은 인상을 갖고 있던 사장은 흔쾌히 이를 허락했다.

나는 그날 새벽, 모두가 집으로 돌아간 뒤 작은 사다리에 올라가 꽃에 물을 줬다. 제대로 된 물뿌리개도 없어 제법 큰 대야로 70~80번 정도 물을 나르느라 몸은 녹초가 됐지만 마음만은 뿌듯했다. 꽃에 물을 주느라 새벽 4시가 훌쩍 넘은 시간에 퇴근을 했지만 다음 날 사장과 동료들이 나를 칭찬해주는 상상을 하며 기분 좋게 잠자리에 들었던 기억이 아직도 생생하다.

그 달콤한 기대는 다음 날 출근과 함께 산산조각이 났다. 내가 들어오는 것을 본 직원들은 하나같이 욕을 하며 거칠게 나를 몰아붙였다. 잠시 뒤 홀로 내려온 사장은 나를 끌고 가 물바다가 된 식당 바닥을 가리키며 불같이 화를 냈다. 심지어 청소를 하느라 원래 문을 열어야 하는 시간을 훌쩍 넘겨버린 지 오래였다.

화가 잔뜩 난 사장은 천장에 매달린 꽃을 떼어 나에게 던졌다. 아뿔싸! 당연히 생화일 거라 생각했던 장미꽃이 사실 헝겊으로 만든 조화였던 것이다. 나는 얼굴이 빨개진 채 "I'm sorry"를 반복했지만 사장은 냉정하게 "You fire!"를 외쳤다. 결국 나는 일주일치 급료 8달러까지 받지 못하고 쫓겨나듯 자리를 떠나야 했다.

이처럼 모든 관계에서는 상호작용이 발생하기 마련이다. 한 손으로는 결코 박수를 칠 수 없는 것처럼 사람 사이의 다양한 관계 역시 상대방이 있을 때 비로소 성립된다. 모든 사람이 내 마음 같을 수는 없으니 상대방의 입장을 한 번 더 생각하는 역지사지易地思之는 원활한 관계를 유지해주는 최고의 선택임을 기억하길 바란다.

최근 우리 사회는 '혐오의 시대'에 들어선 느낌이다. 남과 여, 부와 빈, 갑과 을 등 다양한 이해관계에 얽힌 사람들이 서로를 향해 총구를 들이밀고 있다. 상대방에 대한 이해와 배려보다는 그저 깎아내리고 밟고 올라서려고만 한다. 하지만 이 같은 적의는 결국 나 스스로를 좀먹을 뿐이다. "100명의 내 편을 만드는 것보다 한 명의 적을 만들지 않는 게 좋다"는 말처럼 상대방을 아프게 하는 날카로운 행동은 곧 나 자신을 상처 입히는 결과로 돌아온다.

사람 사이에 승패를 나누는 명확한 기준은 없다. 지금 당장은 내가 손해를 봤다고 느껴질지 모르지만 시간이 지나 상황이 변하면 예상치 못한 이익을 가져다주기도 한다.

자, 바로 이 지점에서 내가 후배들에게 '착하게 살라'는 맥락의 케케묵은 조언을 하는 이유를 잡아내야 한다. 나는 절대 후배들에게 '좋은 사람 콤플렉스'나, 초등학교 도덕책에서나 볼 수 있는 '좋은 이야기'를 강요하고 싶지 않다. 지금까지 지루하리만치 당연하게 느껴졌을 나의 이야기는 무역인 혹은 사업가의 입장에서 적이 적을수록 내게 돌아오는 이익이 크다는 지극히 현실적인 근거에 기댄 주장이다.

단순하게 생각해보자. 당신이 사업가라면 파트너로 누구를 고르겠는가? 적어도 당신과 좋지 않은 관계는 우선적으로 배제할 것이 분명하리라.

좀 더 현실적인 예를 들어보자. 만약 내게 오늘 저녁 당장 관람해야 하는 비싼 뮤지컬 티켓이 있다고 가정해보자. 그런데 갑자기 절대 빠질 수 없는 가족 행사가 생각나 뮤지컬 티켓을 날릴 상황에 처했다면 누구에게 티켓을 선물하겠는가? 여러 사람이 떠오르겠지만 나와 관계가 나쁜 사람에게는 절대 선물하지 않을 것이다. 물론 무조건 착하게 사는 게 능사는 아니다. 내가 하고 싶은 이야기의 핵심은 굳이 불필요한 적을 만들지는 말라는 것이다. "똥이 무서워서 피하냐? 더러워서 피하지!"라는 속담이야말로 내가 말하고 싶은 것의 의미와 가장 가까울 터다.

나 역시 이런저런 이유로 그다지 만나고 싶지 않은 사람들이 있다. 하지만 또 다른 이런저런 이유로 그들과의 관계를 부득불 유지해야 하는 경우도 존재한다. 불편한 사람들과의 불편한 만남은 그리 유쾌하지 않다. 가능하다면 피하고 싶지만 복잡한 사회적 관계를 맺고 있는 나로서는 속 시원히 이를 내색하기가 쉽지 않다. 모든 일에 있어 마음 내키는 대로 한다면 당장 속은 편하겠지만 사회적인 성공에 도달하기는 힘들어질 수밖에 없음을 기억해야 한다.

10대 시절, 배알이 꼴리면 주먹부터 튀어나갈 만큼 불뚝했던 성격이 20~30대가 된다고 크게 달라지지는 않는다. 나도 낯선 이역만리 타국에서 생존에 대한 절박함이 없었다면 아마 수많은 트러블에 휘말렸을지도 모른다.

성공에 이르는 여정은 퍽이나 어렵고, 힘들고, 더러운 일들 투성이다. 하지만 그 모든 불합리함을 하나하나 인내하고 해결해나가는 과정이야말로 성공에 도달할 수 있는 유일한 길임을 명심해야 한다.

주변 지인들은 나에게 '이영현이 죽으면 아마 사리가 수백 개는 나올 것'이라고 농담을 던지기도 한다. 이런 농담조차 진담으로 여겨질 만큼 이제껏 나는 수없이 많은 문전박대와 실패를 반복했음에도 불구하고 꿋꿋이 참아냈다. 적이 아예 없다고 장담할 수는 없지만, 분명 적보다는 친구가 훨씬 많았기에 셀 수 없이 많은 어려움 가운데 돌파구를 마련했다는 사실을 믿어 의심치 않는다.

한 명의 진정한 친구는 100명의 적을 막아낼 수 있는 큰 힘을 준다. 뾰족한 말투와 이기적인 행동을 일삼기보다는 남보다 한발 뒤에서 그들의 입장이 돼보는 건 어떨까? 나 자신부터 아주 작지만 긍정적인 변화를 시도한다면 그간 보이지 않던 내 편이 누구인지 깨닫게 될 것이다.

당신은 과연
성공을 꿈꿀 자격이 있는가?

수십 년 동안 외국을 떠돌며 종종 한국을 들를 때마다 몰라볼 만큼 변화한 모습에 깜짝깜짝 놀라곤 한다. 특히 우리나라의 수도인 서울은 불과 몇 년 사이에 세계에서도 손꼽힐 만큼 급격한 발전을 이룩했다.

한국에서의 마지막 기억이 전쟁을 전후한 시점이었던 까닭일까. 당시만 해도 문자 그대로 '먹고사는 게' 어려울 만큼 빈곤한 나라였지만, 불과 반백 년 만에 세계에서 인정받는 경제 강국으로 성장했으니 과연 우리나라 인재들의 잠재력이 훌륭하다는 생각을 해본다. 어려운 시대를 관통해온 나로서는 짧은 시간에 이렇듯 큰 변화와 혁신을 이룬 우리나라에 대한 자부심이 더욱 특별하다. 하지만 과거에 비해 풍요로워진 현재가 앗아간 것이 있다. 바로 '절박함'이다.

과거에는 나를 비롯해 우리나라 국민 대부분이 벼랑 끝에 선 모양새였다. 젊은이들은 다큐멘터리나 각종 영화, 드라마를 통해 전쟁 후 어려움을 간접적으로나마 겪었겠지만, 실상은 더욱 참혹하기 그지없었다. 지금은 상상도 할 수 없는 '아사', 다시 말해 굶어 죽는 이가 하루에도 수차례씩 변두리로 실려 가곤 할 정도로 열악한 상황이었다. 물론 이 절박함은 앞으로 내가 말하고자 하는 '성공을 위한 청춘들의 절박함'과는 다른 맥락이다. 하지만 청춘들의 절박함이 희미해진 이면에 이러한 시대적 변화가 숨어 있는 까닭에 잠시 언급했다.

전쟁을 겪었음에도 불구하고 다행히 우리 집안 사정은 나름대로 괜찮은 편이었다. 하루 세끼 밥을 굶지 않는다는 것만으로도 충분히 만족스러운 일상을 영위해나갈 수 있었던 것이다. 게다가 나의 형들도 어렵게나마 미국 유학을 보낼 만큼 부모님의 사고방식도 개방적이었다. 물론 당신의 넷째 아들까지 타국으로 떠나보내고 싶은 마음은 없으셨으리라.

부모님의 만류에도 불구하고 나의 우격다짐으로 떠난 캐나다 유학은 첫 단추부터 삐걱거릴 수밖에 없었다. 공부를 잘했던 형들과 달리 아이스하키에 빠져 운동만 했던 나는 간단한 의사소통조차 하지 못할 정도였다. 좋게 말하면 젊음의 패기, 정확하게 표현하면 무식한 오기로 캐나다행을 결정했으니 생활이 순탄할 리 없었다. 더군다나 한국에서 제법 귀한 집 자식으로 대우받고 살았던 나는 일조차 요령껏 하지 못했다. 첫 번째 직장이었던 레스토랑에서 조화를 생화로 착각해 식당 바닥을 온통 물바다로 만들고 해고 통지를 받은 이후, 어렵사리 두 번째 일자리를 얻어 건물 청소를 할 때에는 응급실로 실려 가기도 했다. 퇴원과 동시에 해고 통지를 받은 것은 물론이다.

당시 내가 맡은 업무는 물청소 후 마지막에 암모니아를 칠해 윤기를 더하는 것이었는데, 출입구에서 먼 쪽부터 작업을 시작해 점차 입구 쪽으로 옮겨가야 했다. 하지만 요령이 없던 나는 거꾸로 입구 쪽에서부터 작업을 시작한 탓에 암모니아 냄새에 취해 의식을 잃었던 것이다. 작업 시간이 지나치게 오래 걸리는 걸 이상하게 여긴 동료가 나를 빨리 발견하지 않았더라면 아마 생명이 위험할 수도 있었던 아찔한 경험이었다. "아는 것이 힘이다"라는 속담이 적어도 내게는 '아는 것이 생존이다'라는 절박함으로 각인된 순간이다.

우리가 하찮게 여기는 허드렛일조차 일의 순서와 절차가 있다. 한발 더 나아가 세상에 하찮은 일은 존재하지 않는다. 이같이 불편한 '계급 나누기'는 우리의 잘못된 편견 탓에 생긴 것이다. 우리는 항상 겸손해야 한다. 지금 우리가 당연하게 누리는 일상(심지어 배설을 하는 생리현상까지)은 누군가의 도움이 있기에 가능하다는 사실을 기억해야 한다.

생사의 갈림길에서 겨우 살아 돌아왔지만 하루도 마음 편히 쉴 수가 없었다. 이미 나의 곳간에 빈 곳이 뭉텅뭉텅 눈에 띄기 시작했던 까닭이다. 몸을 추스르자마자 내가 향한 곳은 '캐나다판 인력 시장'이었다. 과거 한국의 소위 막노동 일꾼 모집 현장을 떠올리면 이해가 빠를 것이다.

유학 중 알게 된 한 친구를 통해 오전 7시가 되면 인력 시장이 선다는 사실을 전해들은 나는 곧바로 해당 장소로 향했다. 제법 빠른 시간에 도착했다고 생각했지만 이미 150여 명 이상이 모여 있었다.

'나만 생존이 절박한 건 아니구나.'

치열한 생존 경쟁의 현장에서 나는 팍팍한 삶은 국경이 없다는 사실을 새삼 깨닫게 됐다. 그렇다고 내가 일자리를 양보할 하등의 이유는 없었다. 나도 누구보다 절박했기에 눈치 싸움에 한창이었다. 하지만 인력 시장에 처음 가본 나는 역시 요령이 부족했다. 인력 시장 초입에 커다란 트럭을 세운 한 기사가 "50명!"이라고 외쳤음에도 불구하고 무엇을 의미하는지조차 몰랐던 것이다. 기사의 말이 떨어지자마자 수십 명의 사람들이 경쟁적으로 트럭 짐칸에 올라타고 난 후에야 나는 '아, 50명의 일꾼을 구한다는 거구나'라고 깨달았다.

나는 많은 사람들이 입버릇처럼 "죽고 싶다"고 말할 때면 섬뜩 놀라곤 한다. 옛말에 "바다를 본 자 앞에서 물을 논하지 말라"고 했듯이 외로움과 고통도 저 밑바닥까지 가본 후에야 뼈저리게 느낄 수 있기 때문이다. 아직 아무것도 시도해보지 않고 그저 지금 당장 조금 힘들다고 "죽고 싶다"는 말을 입에 달고 사는 건 스스로를 갉아먹는 습관일 뿐이다.

자기가 태어난 고향에서 평생을 사는 사람이나 유복한 부모의 도움으로 고생을 해보지 않은 사람은 비닐하우스 안의 농작물과 같다고도 볼 수 있다. 물론 그들 역시 나름의 애환이 있고 거기까지 도달하기 위해 우리가 모르는 곳에서 치열한 노력을 경주했겠지만 좋은 환경에서 자란 온실 속 화초라는 사실은 변함이 없다.

인생이 늘 햇볕 나고 따뜻하기만 한 것은 아니다. 특히 나처럼 이역만리 타국에서 생김새도 다르고, 말도 다른 사람들 속에서 부대끼며 살아간다는 것은 절벽 끝에서 피는 야생화의 삶과 다를 바가 없다. 절벽 위에 피는 꽃이 화려하고 진한 향기를 내뿜는 이유는 번식을 위한 화분을 벌과 나비에게 나르게 하기 위해서라고 한다. 얼마나 절박한 생존 본능인가. 나 역시 절벽 위의 야생화처럼 생존을 위해 안 해본 일이 없을 정도였다.

"죽고자 하면 살 것이고 살고자 하면 죽을 것이다"라는 충무공 이순신 장군의 말 그대로 '죽도록 노력해서' 안 될 일은 없다고 생각한다. 그저 가장 편하고 비겁한 선택인 '남 탓'을 할 시간에 조금이라도 긍정적인 변화를 위해 노력하길 바란다.

일자리 구하기에 실패한 그날은 밤에 잠도 오지 않았다. 억울한 마음에 내일은 어떻게 해서든 일자리를 찾겠다는 다짐을 속으로 수없이 되뇌며 선잠이 들었다. 그날 밤새도록 트럭에 올라타는 꿈을 꿨으니, 지금 생각해도 남들과의 경쟁에서 뒤처졌다는 사실이 꽤나 억울했던 모양이다.

다음 날 같은 장소에 도착한 나는 마치 100미터 달리기 경주의 출발선에 선 선수마냥 잔뜩 긴장해 있었다. 언제든 한달음에 튀어나갈 준비를 마친 채 호령을 기다렸다. 전날과 마찬가지로 광장 입구에 차를 세운 기사가 큰 소리로 "50명!"을 외치자마자 나는 그 누구보다 빨리 트럭에 올라탔다. 아마 학창 시절 1등을 했다고 해도 그렇게 기뻐하지는 않았을 터다. 처절한 생존 경쟁을 이겨냈다는 자부심이 허기진 배 속마저 든든하게 채워주는 느낌이었다. 하지만 어떤 일인지 제대로 알아보지도 않고 무조건 트럭에 탔던 내가 땅을 치고 후회하기까지는 그리 오랜 시간이 걸리지 않았다.

트럭은 두 시간을 달린 후 간판도 없는 한 농장 앞에 사람들을 내려놓고 표표히 사라졌다. 그제야 농장 관리인에게 들은 업무 내용은 '지렁이 잡기'였다. 밤새도록 땅바닥에 엎드려 지렁이를 잡아내고 그 무게에 따라 돈을 받는 일로, 소위 말하는 '능력제'로 임금이 차등 지급되는 시스템이었다. 농장 관리인은 본격적인 업무에 앞서 땅을 적당한 깊이로 뒤집어가며 지렁이가 나오면 손바닥으로 탁 쳐서 기절시켜 잡는 게 요령이라는 설명을 덧붙였다.

땅을 파고 지렁이를 잡기 위해서는 자연스럽게 허리를 한껏 구부려야 했다. 처음에는 체면 때문에 종종 허리를 펴가며 두 발로 서서 일을 했지만 나중에는 차라리 바닥에 엎드린 채 지렁이를 잡는 게 편하다는 사실을 깨달았다. 평생 지렁이를 그렇게 많이 그리고 가까이서 본 적은 처음이었다. 심지어 지렁이를 세게 치면 '찍' 하고 파란 피가 손바닥을 물들였다. 지렁이 체액의 묘한 색깔도 싫었지만 뭔지 모를 이상야릇한 냄새에 신경마저 곤두서는 느낌이었다.

지렁이 잡기에도 요령이 없던 나는 2~3일 동안 기본 할당량조차 채우지 못할 정도로 형편없는 수확을 올렸다. 농장 관리인은 불같이 화를 내며 하루 여덟 시간 임금으로 3달러 75센트를 동냥하듯 손바닥 위에 던져줬다. 허리가 부서져라 하루 종일 일한 대가가 고작 4달러도 되지 않는 푼돈이었던 것이다. 그럼에도 불구하고 나는 두 달을 버텼다. 업무가 손에 익숙해지면 지렁이를 많이 잡아 큰돈을 벌 수 있으리란 착각에 빠졌던 것이다. 하지만 나보다 훨씬 노하우가 많은 베테랑도 그리 높은 임금을 받지 못했다. 제법 큼직한 바구니를 두어 개 채워도 손에 쥐어지는 금액은 두 자릿수를 넘지 않았다.

돌이켜 생각해보면 두 달이나 그 일을 계속한 나 스스로가 한심할 따름이다. 나름대로 계산이 빠르다 자부했지만 고강도 노동에 비해 적은 수입이 오랫동안 지속됐음에도 일을 계속하기로 한 판단이 썩 현명하지 못했다는 생각이 든다. 당장의 생활을 위해 적은 돈이라도 벌어야 한다는 또 다른 의미의 절박함이 나의 판단력을 흐린 것이었다.

성공을 향한 절박함은 열정적인 삶의 원동력이 되지만, 생존에 매달리는 절박함은 자칫 잘못된 판단으로 이어지기도 한다. 지금 자신의 결정이 성공을 위한 최선의 선택인지, 아니면 그저 눈앞의 이익만을 놓치지 않기 위한 성급한 판단인지 냉정하게 되짚어보길 바란다.

나의 인생에서 가장 아까운 두 달의 시간을 농장 땅바닥에서 흘려보내고 새로 찾은 일자리는 캐나다 굴지의 D항공사 조립라인이었다. 비행기 날개에 한 부속을 반복해서 박는 것이 내가 새롭게 맡은 업무였다. 단순 반복 업무였던 까닭에 회화가 서툰 나도 쉽게 채용이 될 수 있었다.

새로 근무하게 된 직장의 임금은 주당 35달러였다. 산술적인 임금도 지렁이 잡기보다 훨씬 높은 것은 물론 업무 환경 및 내용도 비교할 수 없을 만큼 훌륭했다. 다시 한 번 빠른 결단을 내리지 못한 지난 두 달이 새삼 아까워지는 순간이었다 하지만 출퇴근길이 녹록지 않았다. 제법 먼 곳에 위치한 공장을 가기 위해서는 버스를 세 번이나 갈아타야 했던 탓에 매일 새벽 4시에 일어났다. 그래도 얼른 돈을 벌어 본격적으로 아이스하키를 시작하고 싶다는 절박함이 나를 차가운 새벽 거리로 이끌었다.

새 직장에서도 영어를 못하는 동양인으로서 받는 차별은 여전했다. 어느 날에는 한 동료가 나에게 "Would you bring the hammer(망치 좀 줄래?)"라는 말을 던졌다. 하지만 나는 'hammer'가 망치라는 걸 몰랐기에 대답하지 못했다. 그러자 그 동료는 마치 공장 내 180여 명의 직원들이 다 들으라는 듯이 큰 소리로 나에게 핀잔을 주며 수모를 안겼다. 당장 그날 점심시간부터 다른 직원들이 나를 피하는 게 느껴질 정도였다. 만약 내가 조금 더 시간을 갖고 기본적인 소통이라도 가능할 정도의 회화 실력을 키웠다면 이같이 불필요한 고행길은 가지 않아도 되었을 것이다. 다시 한 번 강조하지만 충분한 준비는 성공에 다다르는 길을 보다 선명하게 제시해준다는 사실을 기억해야 한다.

동료들에게 무시를 당하기 시작한 내가 할 수 있는 일은 그다지 많지 않았다. 그저 주어진 일을 열심히 수행함으로써 잡생각이 나지 않도록 하는 게 전부였다. 사실 가벼운 잡담을 할 동료조차 없었으니 어쩔 수 없이 일에 몰두한 것은 당연한 수순이었다. 하지만 얼마 뒤 또 다른 동료가 나에게 명백한 시비를 걸어왔다.

"네가 죽자 사자 일을 한다고 누가 알아주냐? 괜히 너 때문에 우리까지 피해 보게 하지 말고 적당히 게으름 피워라!"

모두 알아듣지는 못했지만 대충 이와 같은 맥락의 시비였다. 내가 너무 열심히 일을 하는 바람에 관리자가 업무량의 기준을 내게 맞춰 상향 조정했고, 그 피해가 고스란히 자신들에게 돌아갔다는 것이었다. 하지만 나는 '열심히 일하는데 왜 난리야?'라는 생각에 동료의 말을 무시하고 신경질적으로 하던 일을 계속했다. 그런데 계속되는 질문과 질책에도 대답이 없자 화가 잔뜩 난 그 동료가 대끔 들고 있던 망치로 나의 어깨를 내려치는 게 아닌가! 3층 높이의 비행기 날개 위에서 작업을 하던 나는 그대로 바닥으로 굴러떨어졌다. 다행히 몸 여기저기의 타박상과 가벼운 통증을 제외하고 골절이나 심각한 부상은 확인되지 않았다.

동료의 사과를 기대했지만 사다리를 타고 내려온 가해자는 오히려 뻔뻔한 얼굴로 나를 내려다봤다. 더 이상 참지 못한 나는 그대로 뛰어올라 그의 얼굴을 냅다 후려 차버렸고, 3층에서 떨어진 나 대신 그가 응급차를 타야 했다. 그때까지만 해도 나는 내가 피해자라고 믿어 의심치 않았다. 시비도, 폭행도 동료가 먼저 시작했으니 그에게 징계가 내려지는 정의로운 판정을 기대했던 것이다. 하지만 뒤늦게 달려온 관리자는 앞뒤 사정도

들어보지 않고 곧바로 나를 해고했다.

"You are fire!"

이 지긋지긋하고 무서운 문장은 또다시 나의 귀를 후벼 파고 말았다. 장장 8개월 동안 일했던 직장을 잃었을 때의 상실감은 생각보다 컸다. 해고를 당하고 집으로 돌아오는 긴 시간 동안 나의 머릿속에는 오만 가지 생각이 떠올랐다. 심각하게 귀국을 고민할 정도였으니 당시 내가 얼마나 절박했었는지를 알 수 있을 터다. 집에 가는 길이 마치 골고다° 언덕처럼 느껴질 만큼 나는 자책감과 절망감으로 가득 차 있었다.

사실 집에 도착하기 직전까지 나의 마음은 귀국 쪽으로 무게추가 많이 기운 상태였다. 하지만 문을 열고 벽 한편에 걸린 태극기를 마주한 순간, 나의 가슴 저 깊은 곳에서 오기의 회오리가 휘몰아침이 느껴졌다. 캐나다에서 태극기를 휘날리고 개선장군처럼 금의환향하겠노라 큰소리를 친 지 1년 만에 패자의 모습으로 되돌아갈 수는 없다는 의지가 불뚝 솟아올랐던 것이다. 나는 곧바로 굵은 펜을 들고 태극기 밑에 그날 세운 새로운 각오를 새겨 넣었다.

'한 번 더 해고되면 자살한다!'

° 골고다Golgotha: '해골'이란 뜻으로 예부터 처형 장소로 사용돼 해골이 많았거나 혹은 해당 지형이 해골처럼 생긴 데서 유래했다. 사형을 앞둔 죄수의 심정을 빗대어 '절망의 장소'라는 뜻으로 사용된다.

입에 담기도 섬뜩하고 무서운 문장이지만, 당시 나의 절박함이 절절하게 녹아 있기도 하다. 단순히 해고를 당하지 않겠다는 의미가 아닌, 캐나다에서 성공하지 못한다면 차라리 죽는 게 낫다는 각오를 압축해놓은 것이다.

출근에서 자유로워진 그날 밤, 나는 밤새 의자에 앉아 그간 나의 부족했던 부분을 되짚어봤다. 부족한 영어 실력, 방향성이 잘못된 열정, 욱하는 성질 등 많은 문제점들이 하나하나 노트를 채워갔고 그렇게 지난 캐나다 생활의 부족함과 실수들로 빽빽해진 노트를 수십 번 반복해서 읽고 또 읽었다. 스스로의 민낯을 고스란히 드러낸 그 내용들은 부끄럽기 짝이 없었다. 그러나 또 다른 한편으로는 이러한 과정이 나의 잘못을 냉정하게 되돌아볼 수 있는 소중한 계기를 선물했다는 사실을 강조하고 싶다. 자신의 과오를 되짚어보고 미흡한 점을 정확히 파악해 이를 보완해나감으로써 새로운 도전에 대한 준비를 할 수 있었던 것이다.

나는 거울을 보는 게 퍽 쑥스럽다. 자신의 겉모습을 있는 그대로 바라본다는 것은 생각보다 훨씬 어려운 일이다. 하물며 자신의 부족함을 속속들이 지적받는다면 어떨까? 그것도 본인 스스로에게 말이다. 아마 얼굴이 새빨개지는 것을 숨길 수 없을 만큼 부끄럽고 또 부끄러울 것이다. 하지만 과거의 잘못을 냉정하게 진단함으로써 이를 반면교사 삼아 자신의 미흡한 점을 보완해나가려는 노력이 없다면 같은 실수와 실패를 반복할 확률이 매우 높다. 더 나은 사람이 되기 위한 첫걸음은 본인과의 진솔한 대화에서 시작됨을 잊지 말아야 할 것이다.

지금까지 내가 강조한 성공의 요소 중 하나는 바로 '절박함'이다. 우리가 '성공했다'고 평가할 수 있는 사람은 극소수에 불과하다. 그들 각자가 성공에 이르는 방식과 길은 모두 달랐겠지만 자신의 목표를 달성하겠다는 절박함과 그에 비례한 노력이 어우러졌기에 결국 성공이란 열매를 수확했음은 분명하다. 하지만 내가 세계 각지에서 만난 대부분의 후배들에게서는 절박함을 찾아볼 수 없었다.

일단 '유학'을 떠났다는 사실만으로도 어느 정도 부모의 후광과 지원이 있음을 방증하기 때문일까. 과거 나의 캐나다 유학 시절 지상 과제였던 생존과 성공이 아닌, 자신의 즐거움을 우선시한다는 느낌을 강하게 받았다.

이쯤에서 분명히 밝히지만 나는 결코 청춘들에게 고생을 강요하고 싶지는 않다. 지금 와서 '여건이 되더라도 절박함을 갖기 위해 일부러라도 고행길을 선택하라'고 주장한다면 지금까지 내가 했던 말과 대치되는 까닭이다. 성공하고 싶다면 본인에게 주어진 현재 상황을 충분히 이용하길 바란다. 부모의 덕을 보더라도 성공하지 못하는 경우는 얼마든지 있다. 어떤 분야든 성공을 결정짓는 것은 결국 본인 스스로의 노력이다. 부모의 지원은 성공의 충분 조건일 뿐 절대적인 필수 조건이 아니기 때문이다. 아무리 부모가 빵빵하게 지원을 해주더라도 받아들이는 당사자가 이를 흡수하지 못한다면 그저 공염불에 그칠 수밖에 없다. 성공에 대한 갈망이 중요한 이유다.

군이 논란을 일으키고 싶지는 않지만, 냉정하게 말해 모든 이들의 출발선은 동일하지 않다. 각자가 태어날 때부터 갖고 있는 능력도 모두 다를뿐더러 자신의 꿈을 이루기 위해 추진력을 더해줄 부모의 지원도 각기 다르기 때문이다. 흙수저, 은수저, 금수저와 같은 신계급 지표를 나누는 기준이 부모 혹은 조부모의 경제적 능력이라는 건 이미 널리 알려진 사실이다. 소위 말하는 '부자 아빠'를 둔 아이들은 남들보다 한발 앞선 지점에서 출발한 것과 마찬가지인 셈이다.

강남의 학원가를 중심으로 "아이의 성적은 부모의 경제 능력에 따라 갈린다"는 말이 심심치 않게 흘러나온다. 국가에서는 다각적인 정책을 통해 선행 학습, 즉 사교육을 최소화하려 하지만 학교 간판이 곧 성공의 척도인 우리나라의 오랜 고정관념은 쉬이 부서지지 않는다. 어쩌겠는가. 더럽고 아니꼽더라도 분명한 현실은 인정해야 한다. 하지만 아무리 남들보다 앞서 출발하더라도 개인의 속도가 턱없이 느리다면 아무 소용이 없다. 조금이라도 빨리 달리기 위해 하루 열두 시간 이상씩 운동을 한 우사인 볼트가 먹고 노느라 몸무게가 100킬로그램이 넘은 일반인에게 지는 장면은 상상조차 되지 않는다.

아마 많은 후배들이 자신의 출발선 위치를 꽤나 원망스럽게 여길 것이다. 하지만 바꿀 수 없는 과거를 원망하며 시간 낭비나 하는 어리석음은 오늘로 끝내길 바란다. 비록 출발선은 조금 뒤처졌을지 몰라도 반드시 내가 먼저 성공이란 골에 도달하겠다는 절박함으로 노력한다면 제법 앞서 출발한 이들을 머쓱하게 만들기에 충분할 것이다.

아직도 나 자신의 즐거움과 쾌락이 우선인가? 더 나은 내일에 대한 절박함이 없는 당신은 성공을 바랄 자격조차 없음을 명심해야 한다.

소중한 인연은
기적 없이 찾아온다

몇 차례의 해고를 겪은 후 지난 캐나다 생활을 냉정하게 평가한 끝에 내가 내린 결론은 "로마에 가면 로마 말을 써야 한다"는 진리의 재확인이었다. 즉, 나에게 가장 시급한 부분은 바로 '언어'였다. 참고로 "로마에 가면 로마 법을 따라야 한다"는 속담을 나의 당시 상황에 맞춰 각색한 것이다.

1년을 캐나다에서 지내면서도 마당쇠처럼 일만 하느라 언어는 물론 현지 문화와 생활 방식을 배우지 못했기에 당초 계획과 달리 모든 일상에서 큰 불편을 겪고 있다는 결론에 도달했다. 사실 앞뒤가 바뀌어도 한참 바뀐 뒤 늦은 결정이었다. 아이스하키를 향한 열정 하나만 손에 쥔 채 아무런 준비 없이 캐나다에 온 촌놈은 무려 1년 동안이나 오만 가지 고생을 겪은 후에야 언어의 중요성을 깨닫게 되었다.

열정은 청춘의 특권이다. 청춘에게 열정이 없다면 자신의 인생에서 가장 찬란한 시간을 의미 없이 보내고 있는 것과 마찬가지다. 하지만 용광로마냥 활활 타오르는 청춘의 열정이 가시적인 성과로 이어지기 위해서는 내가 누차 강조하는 것처럼 충분한 준비가 필요하다. 나 역시 유학을 다소 늦추는 한이 있더라도 한국에서 어느 정도 의사소통이 가능할 정도만이라도 영어 공부를 했다면 불필요한 곡절은 겪지 않았을 터다. 단지 열정만으로는 아무것도 이룰 수 없다는 진리를 깨닫기까지 나는 무려 1년이란 소중한 시간을 낭비해야만 했으니 땅을 치고 통탄할 노릇이다.

문제점을 파악했으니 이제 해결책을 찾아야 했다. 이에 앞서 나의 현재 상태에 대한 정확한 확인이 필요했다. 내가 아무리 책상 앞에 앉아 '각 잡고' 영어 공부를 하지 않았다고 하지만 그래도 1년 동안 현장에서 동료들과 부대끼며 살아온 경험을 통해 간단한 일상 회화 정도는 가능했다. 그렇다고 해도 원활한 의사소통은 어림도 없는 상황. 당시 나의 영어 실력을 냉정하게 평가하면 한글을 막 배우기 시작한 유치원생 수준 정도에 불과했다. 지난 1년간의 캐나다 생활을 돌아보면 마치 유치원생이 공장에서 어른들과 함께 일하는 꼴이었던 셈이다. 열정만으로 모든 문제가 해결될 거라는 착각은 그저 청춘의 오만함일 뿐이었다.

해결책은 간단했다. 열심히 영어 공부만 하면 그만이었다. 하지만 나는 여기서 한발 더 나아가기로 결심했다. 단순한 영어 공부는 한국에서도 얼마든지 가능한 일이라는 생각이었다.

내가 새롭게 정한 또 다른 목표는 바로 '대학 진학'이었다. 안다. 지금 생각해보면 참 말도 안 되는 목표였음을 인정한다. 유치원생 수준이 언감생심 대학이라니, 어느 누가 제정신이라고 하겠는가. 하지만 "인간은 실수를 반복하는 동물이다"라는 말마따나 나 역시 금세 똑같은 실수를 저질렀다. 충분한 준비보다는 열정만 앞세운 행동을 우선했던 것이다.

열정과 함께 청춘의 또 다른 특권은 얼마든지 실수해도 괜찮다는 것이다. 청춘에 비해 상대적으로 남은 시간이 부족한 노년에 저지르는 실수는 이를 바로잡을 물리적인 여건이 성립되지 않는 데 반해, 아직 많은 시간이 보장된 청·장년층은 자신의 부족함을 만회할 기회가 얼마든지 있기 때문이다. 나 역시 수많은 실수를 했음에도 불구하고 자신의 실수를 인정하고 보완함으로써 결국 올바른 길을 찾을 수 있었다. 까짓, 실수 좀 하면 어떤가. 이미 엎질러진 물을 다시 주워 담을 방법은 없다. 야무지게 마음을 다잡고 자신의 실수를 만회하면 된다. 비록 100퍼센트 그 실수를 수습하지는 못하더라도 이를 위해 노력하는 모습만으로 충분히 아름답다. 고금을 통틀어 단 한 번도 실수를 하지 않은 사람은 없다. 세계 최고의 축구 선수 메시와 호날두도 한 경기에서 실수를 수십 번 반복한다. 그들이 여타 선수와 다른 것은 두 번 다시 같은 실수를 반복하지 않기 위해 남들보다 수십, 수백 배 노력한다는 사실이다. 사소한, 어쩌면 큰 실수를 한 기억에 발목 잡혀 자신의 미래까지 헛되이 흘려보내지 말자. 아직 얼마든지 만회할 수 있는 기회가 있다. 당신은 아직 청춘의 한복판에 서 있다.

다소 억지스러운 목표를 정한 나는 그길로 토론토 라이어슨 대학교Toronto Ryerson University를 찾아갔다. 과거 공장을 오가며 눈여겨봤던 대학교였다. 언젠가 진학을 하리란 막연한 계획은 있었지만 그때만 해도 이렇게 빨리 대학의 문을 두드릴 줄은 몰랐다. 한 치 앞을 알 수 없어 인생이 재미있다고 했던가. 평생 롤러코스터 같은 다이내믹한 삶을 산 나에게 도전은 항상 설렘으로 다가왔다. 하지만 어설픈 영어 실력의 작은 동양인을 진지하게 대해주는 사람은 극히 드물었다.

학교에 들어가려면 어떻게 해야 하는지도 몰랐던 나는 무작정 가장 그럴듯한 건물을 선택해 막무가내로 문마다 노크를 했다. 나중에 안 사실이지만 그 건물은 토론토 라이어슨 대학교에 재직 중인 교수들의 방이 모여 있는 곳이었다.

첫 번째 방에서 나온 한 교수는 나에게 어떤 일로 문을 두드렸는지 이유를 물었다. 나는 "I want study"라고 답했다. 그러자 그 교수는 한쪽을 가리키며 "이쪽으로 가면 도서관이 있다"고 말하고서는 바로 방문을 닫아버렸다. 나의 저질 영어 실력이 새삼 원망스러워지는 순간이었다.

무조건 대학을 들어가야 한다는 나의 절박함은 민폐라는 생각조차 하지 못할 만큼 간절했다. 얼굴을 찡그리는 교수들의 모습에도 아랑곳하지 않고 어설픈 영어로나마 끈질기게 묻고 또 물었다. 대부분 문전박대를 당했음은 물론이다.

나의 운명을 바꿔준 열두 번째 방의 주인은 '템플 교수Prof. Temple'였다. 푸근한 인상의 템플 교수는 낯선 이방인의 방문에도 친절하게 상담을 해줬다. 더듬더듬 턱없이 부족한 영어 실력이 답답할 만도 했을 텐데, 그는 상냥한 얼굴로 질문의 의도를 파악하려 노력했다. 내 인생의 전환점에서 만난 소중한 은인이다.

템플 교수는 회화가 어설픈 나를 위해 직접 글로 써주는 수고도 마다하지 않았다. 이를 통해 나는 한국에서의 학력은 캐나다에서 인정되지 않는다는 것과 토론토 라이어슨 대학교에 입학하기 위해서는 일종의 자격(토플) 시험을 통과해야 한다는 사실을 알게 됐다. 결국 내가 새롭게 세운 '영어 마스터'라는 목표는 대학교 입학을 위한 중간 과정에 포함된 셈이었다.

이렇게 만난 템플 교수는 내게 인연의 소중함을 깨닫게 해줬을 뿐만 아니라 캐나다에서 올바르게 살아가기 위한 방법을 알려준 은인이다. 그의 따뜻함은 이국땅에서 수많은 모멸과 무시를 당하고, 그도 모자라 일방적이고 불합리한 해고까지 받아들여야 했던 나에게는 다시 한 번 힘차게 유학 생활을 시작할 수 있는 원동력이 됐다.

새로운 목표에 도달하기 위한 길을 확인한 나는 재빨리 하숙집으로 달려갔다. 하숙집 구석에 고이 숨겨놓은 비상금을 들고 내가 향한 곳은 캐나다 전화국이었다. 당시만 해도 홍콩 교환대를 거쳐 한국 전화국에서 이를 받아 다시 본가에 연결하는 시스템이었기에 시간과 비용이 꽤 많이 들었다. 어렵사리 연결된 통화, 나는 혹시 불량한 통화 품질 탓에 의사가 제대로 전달되지 못할지도 모른다는 불안감에 같은 말을 수차례 반복했다.

"한국에서 발행된 영어 참고서를 구할 수 있는 대로 구해서 보내달라."

위풍당당 억지 유학길에 오르면서 부모님의 도움은 받지 않겠다고 큰소리를 쳤지만, 새로운 목표를 위해서는 한국에서의 지원이 반드시 필요했다. 지난 1년처럼 어리석게 고집을 피우며 시간을 낭비할 바에는 차라리 이용할 수 있는 것은 모두 이용해 반드시 성공한 후 백배 천배 보답하겠다는 다짐을 가슴속에 품었다.

몇 주 뒤 30여 권의 책이 하숙집에 도착했다. 그렇게 공부를 싫어했던 내가 평생 가장 열심히 책과 씨름했던 시기가 바로 이때였다. 30여 권의 책이 손때로 반질반질해질 때까지 읽고 또 읽었던 것이다. 독학의 한계를 체감한 후에는 아예 책을 통째로 외우겠다는 의지로 책상 앞을 떠나지 않았다. "머리가 나쁘면 몸이 고생한다"는 속담의 시작이 어디인지는 모르겠지만, 아마 이 속담을 만든 사람도 어지간히 공부와는 담을 쌓았으리라는 망상을 해가며 하루 두 끼 밥 먹는 시간을 빼고는 꿈속에서까지 영어책을 떠올릴 정도로 공부에 미쳐 살았다.

그러기를 6개월, 늘어가는 영어 실력에 비례해 몸무게는 줄어드는 기현상을 확인했다. 체중이 무려 6~7킬로그램이나 준 것이었다. 단순히 공부를 열심히 하는 것만으로도 살이 쭉쭉 빠진다는 사실이 지금도 믿기지 않지만 내가 직접 경험한 일이다.

짧다면 짧은 기간이지만 평생 공부에 쏟아야 할 열정을 모두 쏟아부었다고 자부했기에 나는 어떤 결과도 겸허하게 받아들이리라는 다짐과 함께 시험장으로 들어갔다. 종종 막히는 부분이 있었지만 나 스스로도 놀랄 만큼 제법 매끈하게 시험을 마무리 지을 수 있었다.

'노력은 결코 결과를 배신하지 않는다.'

자기 자신에게 당당할 만큼 열심히 노력하면 절대 결과가 나쁘게 나올 리 없다는 사실을 잊지 말길 바란다.

결과는 예상 이상이었다 700점 만점의 토플 시험에서 무려

580점을 획득해 당당히 입학을 허가받은 것이었다. 100점 만점으로 따져도 80점 이상에 해당되는 점수였다.

입학 허가를 받은 나는 곧바로 템플 교수에게 달려갔다. 템플 교수는 마치 자기 일처럼 기뻐하며 연신 내 어깨를 두드렸다. 누군가에게 내 노력이 인정받았음이 뭉클했던 것일까. 지난 6개월의 시간이 주마등처럼 스쳐가며 나도 모르게 눈물이 흘렀다. 자신에게 떳떳한 사람만이 흘릴 수 있는 기쁨의 눈물이었다.

대학교 합격 후 나는 다시 일을 시작했다. 다만 이번에는 학교 생활과 병행을 해야 했기에 정식으로 회사에 들어가지는 못했다. 고민 끝에 나는 캐나다에서 운전면허를 취득한 후 택시 운전 허가를 받게 됐다. 간단한 몇 줄로 정리했지만 사실 정식으로 택시 영업을 시작하기까지는 꽤 많은 고생을 겪어야 했다.

다행히 토론토 라이어슨 대학교에는 현재의 학자금 대출과 비슷한 제도가 있었다. 덕분에 나는 4년 동안 등록금 걱정 없이 학교를 다닐 수 있었다. 물론 1만 달러에 가까운 대출금을 갚느라 졸업 후 제법 긴 시간 동안 아등바등 살아야 했지만, 아직은 조금 먼 미래의 일이었다.

신입생 오리엔테이션을 마치고서 부푼 가슴을 안고 대학 정문을 지나던 개강 첫날의 뿌듯함은 아직도 기억이 생생하다. 하지만 문법 중심의 소위 '한국식 영어 공부'의 한계는 등교 첫날 그 민낯을 드러내고 말았다. 입학 시험에서 꽤 좋은 성적을 냈음에도 불구하고 속사포처럼 전문 용어를 쏟아내는 교수들의 말을 도통 알아들을 수 없었던 것이다. '흰 것은 종이요, 까만 것은 글씨다'라는 생각만이 머릿속을 맴돌며 초점 없는 눈으로 정면을 응시하는 게 내가 할 수 있는 전부였다. 내가 계산이 빠르다는 사실을 수차례 말했던 것을 기억하는가?

'이러다 낙제를 당하면 한 학기 이상을 또 다녀야 하고, 그렇게 되면 등록금이 더 들어간다.'

이와 같은 공식이 성립된 순간, 서글프게도 나에게 대학은 이제 단순한 교육의 장이 아닌 생존 현장이 돼버렸다. 남들이 수십 년 동안 당연하게 사용하며 익힌 영어를 불과 1~2년 사이에 따라잡는다는 것은 애당초 불가능했다. 특히 일상에서 잘 사용하지 않는 전문 용어가 가득한 대학 강의는 더더욱 어려운 일이었다. 궁여지책으로 내가 선택한 방법은 그냥 해당 과목의 교과서를 통째로 외워버리는 것이었다. 공부에 대한 무식함의 끝판 왕이 있다면 바로 과거의 내가 첫 손가락에 꼽힐 터다. 하지만 한 세대를 풍미한 다른 위인들과 달리 나의 능력은 그야말로 달빛 앞 반딧불이에 불과했다. 수십 번 읽고 쓰며 외우려 노력해도 뒤돌아서면 금세 잊어버리기 일쑤였던 것이다.

만약 지금까지 책을 읽은 당신이 나에게 특별한 능력이 있어서 지금의 성공을 이뤘다고 생각한다면, 분명히 "아니다"라고 이야기하고 싶다. 굳이 나의 특별한 능력을 꼽자면 '포기하지 않는 오기'와 '남들보다 몇 배의 노력을 해야만 하는 걸 당연하게 받아들이는 마음가짐'이다. 결코 성공을 우습게 생각하지 마라. 남들보다 노력하지도 않는 주제에 그들보다 더 성공하길 바라는 것은 도둑 심보나 다름없다.

같은 시간을 공부해도 성적이 일정치 않음은 당연한 결과였다. 컨디션이 좋은 날은 암기가 잘됐기에 성적도 좋았지만, 그렇지 않은 경우에는 영 엉망인 답안지가 최선이었기 때문이다. A와 F를 자유분방하게 오가던 내가 신기했는지 어느 날은 지리학 담당 교수의 호출이 날아들었다. 이유인즉슨 내가 자신이 낸 문제의 정답에 가장 가까운 답안을 써냈지만, 정작 마무리가 되지 않았던 게 의아했던 것이다.

나는 "아직 영어가 능숙하지 않은 탓에 제시간에 답안을 완성하지 못했다"고 말했다. 그러자 교수는 그렇다면 말로 뒤의 내용을 설명해볼 것을 요구했고, 나의 대답이 흡족했는지 썩 높은 점수를 줬다. 학교 수업을 따라가기 위해 밤잠도 줄이며 공부한 덕분에 어느새 나의 영어 실력이 부쩍 늘었음을 실감한 순간이었다.

일상생활에 문제가 없을 만큼 영어가 자연스러워지자 이제는 불합리한 대우에 일침을 놔줄 정도로 마음의 여유가 생겼다. 어떤 날은 한 영국인 친구가 나에게 "미스터 리, 서울에서는 러시아워 때 사람들이 뭘 타고 다니지?"라는 질문을 던졌다. 아마 아직 세계적으로 높은 평가를 받지 못하는 한국의 실태를 꼬집고 싶었던 듯하다. 이에 나는 "서울에서는 모두 자가용 헬리콥터를 타고 다닌다"고 맞받아쳤다. 물론 어디까지나 거짓임이 분명했지만, 그 누구도 나의 말에 토를 달지 않았다. 나의 조국, 대한민국에 대한 애국심과 자부심을 인정했을 따름이다. 늘 한국을 무시하는 영국인 친구의 태도는 마음에 들지 않았지만, 그 친구로 인해 조국에 대한 애국심을 새삼 확인할 수 있었으니 이마저도 감사하게 생각하고 있다.

더 나은 미래를 위해 선택한 대학 생활은 때로는 내게 인생의 진리를 가르쳐주기도 했다. "공과 사는 구분해야 한다"는 말이 있듯이 우리의 삶에 있어 공적인 부분과 사적인 부분은 명확한 경계가 있어야 한다. 공적인 영역에 사적인 요소를 끌어들이는 순간 양측 모두 공멸할 수 있는 까닭이다. 하지만 모든 경험이 일천했던 당시의 나로서는 공과 사의 구분이 쉽지 않았다. 흔히 '좋은 게 좋은 거'라는 케케묵은 표현처럼 공사의 선을 넘나드는 일이 잦았던 것이다. 그런 내게 공사 구분의 중요성을 깨닫게 해준 것은 대학교 3학년 때 만난 던샤워 교수Dr. Donshaw였다.

입학과 동시에 학업과 일을 병행해야 했던 나는 늘 빡빡한 일상에 허덕이며 살았다. 당장 먹고살아야 하니 밤에는 택시를 몰고 잠자는 시간을 쪼개가며 영어와 학교 공부를 병행해야 겨우 수업을 따라갈 수 있었다. 소위 '캠퍼스 낭만'으로 불리는 음주가무나 연애를 즐기기에는 전제 조건부터 성립되지 않았던 것이다. 돈도 시간도 언어도 외모도, 모든 게 부족한 아웃사이더 유학생이 대학 생활을 관통하는 나의 포지션이었다.

연인은커녕 각별하게 지내는 친구조차 없었던 나로서는 학교 생활이 고역이나 다름없었다. 매일같이 도서관에 가서 책을 붙들고 공부하는 것만이 유일한 선택지였다. 덕분에 영어 실력이 일취월장하고, 덩달아 성적도 꽤 올라갔으니 마냥 나쁘지만은 않았다. 하지만 청춘의 한복판에 있는 내게 갑갑한 도서관으로의 강제 유배 생활은 마뜩찮을 수밖에 없었다. 삶의 이유이자 캐나다 유학의 목표였던 아이스하키마저 포기했기에 대학 생활은 더더욱 팍팍해져갔다.

그런 내게 손길을 내민 것은 아이러니하게도 친구나 선후배가 아닌 던샤워 교수였다. 나중에 안 사실이지만 도서관을 자주 이용하던 던샤워 교수는 당시만 해도 학교에서 보기 드물었던 동양인 학생이 하루도 거르지 않고 공부하는 모습을 눈여겨봤다고 한다.

호기심 반, 응원 반의 마음으로 말문을 튼 던샤워 교수는 마침 얼마 전 한국을 다녀온 적이 있었다. 경주에서 경험한 신라 문화와 한정식은 그의 마음을 사로잡았다. 특히 한국을 대표하는 음식인 김치의 매력에 빠진 던샤워 교수는 직접 김장을 담그기 위한 도전과 실패를 반복하고 있었다. 계속되는 실패에 지쳐가던 던샤워 교수에게 김치의 본고장 한국에서 유학을 온 나는 최고의 조력자임이 분명했다. 종종 그와 가졌던 티타임에서 넌지시 김장에 관한 이야기를 꺼낸 적이 여러 번 있었다. 얼마 뒤 던샤워 교수는 나를 자신의 집으로 초대했다. 물론 수개월 동안 그와 만나며 친분을 쌓기도 했지만 정작 목적은 김장이었음을 미루어 짐작할 수 있었다. 반면 나는 그와는 동상이몽이었다. 내심 던샤워 교수와 유기적인 관계를 형성함으로써 긍정적인 성적 도출로 이어지길 어느 정도 기대했던 것이다.

각자의 목적을 갖고 만남을 이어가던 어느 날, 나는 던샤워 교수에게 정식으로 '김장을 담가주겠다'는 의사를 전달했다. 여기서 한 가지 고백하건대 사실 나는 김치 담그는 방법을 제대로 알지 못했다. 그저 어머니가 차려주신 음식을 먹을 줄만 알았지 부엌과는 그다지 인연이 없었던 것이다. 그럼에도 불구하고 굳이 수고를 마다하지 않았던 이유는 앞서 언급한 대로 내 성적에 좋은 영향을 줄 수 있으리란 계산 때문이었다. 비싼 돈을 들여 한국에 계신 어머니에게 전화를 걸어 김치 담그는 방법을 물어볼 정도로 공을 들였던 기억이 생생하다. 나의 일방적인 기대감에서 시작된 '혼자만의 거래'였다.

나의 시커먼 속내도 모르고 던샤워 교수는 그 어느 때보다 환한 미소로 나의 두 손을 덥석 움켜쥐고 수차례 악수를 했다. 그에게는 평생의 한으로 남을 뻔한 김치의 참맛을 맛볼 수 있게 되었다는 기대감이 최고조에 달한 것이었다.

다음 날 나는 그동안 없는 살림에 비상금 명목으로 알뜰살뜰 모았던 돈 몇 푼을 털어 중국 식재료 판매점에서 배추와 무, 고춧가루, 소금 등을 구입했다. 당시만 해도 한국 식재료 판매점이 없었기에 어쩔 수 없는 선택이었다. 어머니에게 김치 담그는 법을 제법 자세히 듣기는 했지만 엄연히 이론과 실전은 천양지차였다. 배추를 절이고 소를 만드는 일부터가 고난의 연속이었다. 더 큰 문제는 김치를 담글 '통'조차 없다는 사실을 김장을 본격적으로 시작한 후에야 깨달은 것이었다.

궁하면 통한다고 했던가. 양손에 뻘건 양념을 묻힌 채 발을 동동거리던 나는 그동안 주식 삼아 마셨던 우유의 빈 갑이 한 곳에 쌓여 있는 것을 발견하고 쾌재를 외쳤다. 우리나라 배추보다 다소 작은 중국산 배추를 보관하기에 안성맞춤이었던 까닭이다. 나는 우유갑을 가져와 물로 깨끗이 씻은 후 매콤한 소로 양념을 한 배추김치를 무 자르듯 잘라서 그 안에 넣었다. 여담이지만 나는 그 이전에도, 이후로도 평생 김치를 담근 적이 없다. 당시 내가 담근 김치는 단순한 음식이 아닌, 더 나은 성적을 받기 위한 '사심' 가득한 '뇌물'일 따름이었다.

며칠 후 나는 생애 처음 담근 김치를 곱게 포장해 던샤워 교수 집을 방문했다. 미리 약속을 잡은 던샤워 교수는 가족은 물론 가까이 사는 친척까지 초대한 채 오매불망 나를 기다렸다. 나조차 놀랄 정도로 제법 먹음직스럽게 익은 김치 한 포기를 썰어 내오자 본격적인 만찬이 펼쳐졌다. 성탄절에나 먹을 법한 커다란 칠면조 구이와 각종 맛깔스러운 음식이 가득했지만 그날 파티의 주인공은 바로 내가 담근 김치였다. 던샤워 교수는 매콤한 김치 탓에 불난 입속을 연신 시원한 맥주로 달래면서도 결코 포크를 놓지 않았다. 지금 생각해보면 정말 맛없는 조악한 김치였음에도 불구하고 던샤워 교수와 그의 가족들은 진심으로 내게 감사 인사를 전했다.

이후로도 나는 자발적으로 서너 차례 김치를 더 담가 던샤워 교수에게 선물했다. 물론 어디까지나 '호의+사심'이 적절하게 섞인 선물과 뇌물의 중간 어디 즈음의 마음을 담아서 말이다.

다음 학기에 나는 당당하게 던샤워 교수의 강의를 신청했다. 이미 A+의 한 자리는 내 차지라는 생각이었다. 당연히 강의를 열심히 듣지도 않았다. 종종 자체 휴강(결석)을 하고 과제도 내지 않는가 하면, 스스로 생각해도 성의 없게 느껴지는 답안지를 내기도 했다. 하지만 나는 던샤워 교수가 내게 좋은 성적을 줄 것이라 믿어 의심치 않았다. 이미 그와는 개인적인 친분을 충분히 쌓았다고 확신했던 터였다.

나만의 착각은 성적표를 받아든 날 산산이 박살 났다. 던샤워 교수는 내게 A학점도 B학점도 아닌 F학점, Fail^{실패}을 준 것이었다. 성적표 한편에는 던샤워 교수가 직접 쓴 듯 'Sorry, Young'이라는 메시지가 적혀 있었다.

나는 적잖이 실망했다. 아니, 차라리 분노했다는 표현이 더 적절하리라. 한국인의 정서로는 도저히 이해할 수 없는 결과였다. 공부를 안 했으니 다소 점수가 낮을 수는 있지만 아예 통과를 못했다니 서러움이 복받쳐 올랐다.

배신당했다는 느낌에 휩싸인 나는 이후로 던샤워 교수와 마주쳐도 아는 체도 하지 않았다. 가끔 그가 내게 먼저 말을 걸어와도 철저한 외면으로 일관했다. 그렇게 던샤워 교수와 나는 졸업 때까지 철천지원수(물론 나의 일방적인 생각이었지만)처럼 지내야 했다. 그때만 해도 나는 "캐나다 사람들은 은혜를 원수로 갚을 만큼 염치가 없다"는 말을 할 만큼 날이 서 있었다. 지금 생각하면 참으로 부끄러운 기억이다.

던샤워 교수의 이야기를 다시 듣게 된 것은 졸업 후 8년이 지났을 때였다. 그저 살기 위해 시작했던 영리무역이 우여곡절 끝에 제법 자리를 잡게 되면서 나는 매년 인턴사원을 두 명씩 뽑기로 결정하고 모교에 연락을 취했다. 이왕이면 다홍치마라고 모교 후배들에게 기회를 주고자 함이었다. 그런데 영리무역에 입사한 인턴사원 한 명이 점심 식사 중 내게 던샤워 교수를 기억하느냐는 질문을 던졌다. 나는 그에게 "좋은 인연은 아니다"라는 내용의 답변을 건넸다. 그러자 인턴사원은 내게 정식 면담을 요청했다. 나는 직감적으로 그가 내게 중요한 이야기를 할 것이라는 느낌을 받았다. 다른 직원들에게 양해를 구하고 나는 인턴사원과 티타임을 가졌다. 이때 그는 던샤워 교수의 이야기를 내게 전했다.

"영리무역의 CEO인 이영현은 내 제자 중 한 명이었다. 아주 똑똑하고 열정적인 그와는 퍽 각별하게 지냈지만 내가 강의 평가에서 낙제를 준 후 인연이 끊겼다. 그저 남들과 공평하게 평

1973년 캐나다 건물을 구입한 영리무역의 시작은 40년 전으로 거슬러 올라간다. 오직 한국산 제품만 판매하겠다는 이영현 회장의 기분 좋은 고집이 결국 성공으로 이어진 셈이다.

가했을 뿐이지만 그는 내게 적잖이 서운했던 모양이다. 하지만 나는 결코 미스터 리가 미웠던 게 아니다. 오히려 그가 나의 진심을 몰라줘 오랫동안 괴로웠다. 나는 그에게 공과 사를 구분할 수 있는 분별력을 가르쳐주고 싶었을 뿐이다. 영리무역은 반드시 크게 발전할 것이다. 하지만 미스터 리가 아직도 공과 사의 경계를 명확히 하지 못한다면 영리무역의 성장에는 분명 한계가 존재할 것이다. 만약 그가 여전히 공사 구분의 중요성을 깨닫지 못하고 있다면 꼭 나의 진심을 전해주길 바란다."

인턴사원의 말에 나는 지난 8년간 가슴속에 품고 있던 옹졸함이 부끄러워 견딜 수가 없었다. 스승의 진심을 알지 못하고 오히려 그를 원망하기나 했으니 입이 열 개여도 할 말이 없었다. 정신이 번쩍 든 나는 그 길로 던샤워 교수의 집을 찾아갔다. 다행히 그는 여전히 그곳에 살고 있었다.

던샤워 교수는 내 얼굴을 보고 굉장히 놀란 표정이었지만 이내 나를 꼭 안아주며 "Thank, Young"이라고 말해줬다. 넉넉한 스승의 품에서 나는 뜨거운 눈물로 용서를 빌었다. 아마 내 인생에서 그날이 가장 술을 많이 마신 날일 것이다. 던샤워 교수는 지하 창고에서 아끼던 샴페인을 박스째로 꺼내왔다. 이제라도 자신의 진심을 알아줘서 고맙다며 고가의 샴페인을 아낌없이 내게 대접했다.

던샤워 교수가 8년에 걸쳐 내게 가르친 삶의 교훈은 여전히 무역인으로서 가장 중요한 기준점을 잡아주고 있다. 공적인 일과 사적인 일을 구분하는 것은 비단 무역인의 입장에서뿐만 아니라 가정, 회사, 공직 등 사회의 모든 분야에 걸쳐 당연하게 적용돼야 하는 기본적인 덕목이다. 공사를 구분하지 못할 때 비리와 부정부패가 판을 치게 되고, 도덕적 불감증이 결국은 그 사회를 병들게 하기 때문이다.

현재 우리나라에서 일어나는 수많은 비정상적인 일들은 공과 사의 구분이 모호한 데서 그 이유를 찾을 수 있다. '나 하나쯤이야', '우리 사이에'와 같은 지극히 개인적인 관계가 공적인 영역을 침범하게 되면 사회를 구성하는 토대부터 흔들리기 마련이다. 다시 한 번 강조하지만, 우리 후배들은 이미 훌륭한 성공 DNA를 갖고 있다. 비록 조금 늦을지라도 자신에게 당당한 정도正道를 걷는다면 결코 흔들리지 않는 성공의 탑을 쌓을 수 있을 것이다.

사상누각沙上樓閣이라고 했다. 편법이나 비겁한 방법으로 찾은 지름길로 먼저 성공에 도달했다고 자만하지 마라. 근본이 부실한 성공은 아주 작은 바람에도 흔들리는 촛불마냥 위태롭기 그지없다. 공적인 일에 사적인 감정을 대입하는 우를 범하지 마라. 어디까지나 자신에게 당당한 길을 찾아가야 한다. 초석이 튼튼한 집이 천년 세월을 견디는 것처럼 정직하고 공정하게 쌓아올린 성공만이 오래 생명력을 보장받을 수 있다.

2부

Only
'Made in Korea'

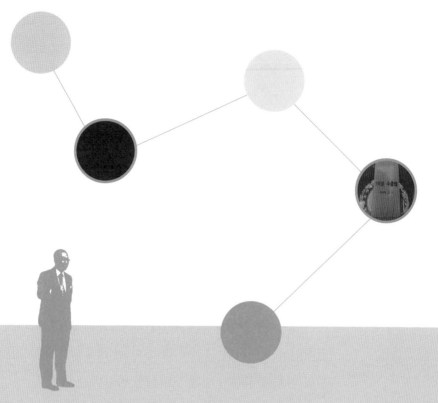

내 꿈은 소프트뱅크 손정의 대표이사나

알리바바 마윈 회장 같은 인물을 육성하는 것이다.

한 명의 큰 부자가 수십만 명의 삶을 책임질 수 있기 때문이다.

다만 한국인의 DNA를 가진 청년이어야만 한다.

내가 사랑하는 조국의 후배들이 제2의 마윈,

제2의 손정의로 거듭나길 바란다.

자살, 한 번쯤은
시도해보는 것도 괜찮더라

먼저, 오해하지 마라. 진짜로 자살을 시도하라는 말은 절대 아니다. 어디까지나 나의 경험을 극적으로 표현했을 뿐이다. 그저 자살을 고민할 만큼, 혹은 그에 준하는 절망적인 상황이라면 그전에 다시 한 번 죽을힘을 다해 자신의 현재를 바꾸기 위해 노력하길 바란다는 의미다.

흔히 "자살까지 생각한 놈이 뭐가 무서워?"라고 말하곤 한다. 이 말에 어느 정도는 공감이 간다. 나는 평생의 꿈이었던 아이스하키를 타의에 의해 포기하고 실제로 자살을 시도한 경험이 있다. 절대 하지 말아야 할 선택이었지만, 한편으로는 이를 통해 그 누구보다 열심히 살아야 할 이유가 생겼으니 아이러니할 따름이다. 다시 한 번 강조하지만, 자살은 꿈에서라도 결코 떠올리지 말아야 하는 최악의 선택이자 도망일 뿐이라는 사실을 잊지 말길 바란다.

내가 학교 생활에 어느 정도 적응한 후 담당 교수와 첫 면담을 가졌을 때의 일이다. 아마 담당 교수는 당신이 맡은 학생들 중 가장 특이한 아이로 나를 기억하고 있을 것이다. 작디작은 체구에 이목구비가 오밀조밀 자리 잡은 동양인 학생은 학교 전체에서 나 하나가 전부였던 까닭이다.

한창 면담을 진행하던 담당 교수는 정해진 시간이 거의 끝나갈 때쯤 나에게 캐나다로 유학 온 이유를 물었다. 나는 "아이스하키"라는 짧은 대답을 되돌려줬다. 그러자 담당 교수는 학교에 있는 아이스하키부에 가입할 것을 권하며 직접 감독과의 만남을 주선해주기도 했다.

서글서글한 인상의 감독은 내가 한국에서부터 아이스하키를 했다는 말을 듣고 간단한 테스트를 거친 후 가입을 허락했다. 1년 넘게 힘든 일을 하며 무시를 받는 중에도 이 모든 게 아이스하키를 하기 위한 과정이라고 여기며 꿋꿋이 견뎌냈는데 그 간절한 꿈을 대학 진학과 동시에 이루게 된 것이었다. 모든 일에는 다 순서가 있듯 목표에 도달하기 위한 과정이 있을진대 이를 무시하고 오직 열정만 앞세운 채 먼 길을 돌아온 어리석은 자의 불필요한 시간 낭비를 새삼 확인할 수 있었다.

다행히 동료들은 별다른 차별 없이 나를 대해줬다. 그토록

원하던 아이스하키를 원 없이 할 수 있게 된 나는 마치 물 만난 고기처럼 얼음 위를 날아다녔다. 나보다 훨씬 덩치 큰 이들과 부딪히고 깨지더라도 마냥 즐거울 따름이었다.

몇날 며칠 사막을 헤매고 다닌 조난자가 오아시스를 만난 듯, 10년 이상 아이스하키만을 바라봐온 나에게 고된 연습은 차라리 반갑기만 했다. 피겨 여왕 김연아, 축구 영웅 차범근과 박지성처럼 누구보다 먼저 훈련장에 도착하고 가장 늦게까지 연습에 매진할 정도로 다른 선수들보다 몇 배 더 노력했음은 너무나 당연했다.

그렇게 내 인생에서 가장 즐거웠던 한 달은 쏜살같이 흘러 갔다. 가입 한 달째 되던 날, 다른 학교와의 연습 경기가 결정됐다. 감독은 부원들을 모두 모아놓고 일정을 설명한 후 해당 경기의 선발 선수 명단을 발표했다. 설마? 마지막 선발 선수를 호명했을 때 나는 내 귀를 의심했다.

"Young-Hyun, Lee."

당당한 주전이었다. 그날 밤 나는 밤새 잠을 이루지 못할 만큼 흥분과 기쁨에 취해 있었다. 이미 프로 아이스하키 선수가 된 자신의 모습을 상상하며, 자다가도 벌떡 일어나 피식피식 웃음이 새어나올 정도로 구름 위를 나는 기분이었다. 평생의 꿈이 현실로 이뤄졌다는 생각에 나 자신이 더없이 자랑스럽게 느껴졌다. 가장 어려운 아이스브레이킹을 넘어섰으니 앞으로 나의 앞길이 탄탄대로일 거라 믿어 의심치 않았던 것이다.

인생이 마음먹은 대로 되지 않는다는 사실을 깨닫기까지는 경기 시작 후 2분이 채 걸리지 않았다. 상대 선수들의 체격이 늘 함께 연습하던 동료들과 그리 큰 차이가 없었기에 별다른 생각 없이 경기에 임했던 것이 실수였다. 공을 다투던 중 190센티미터가 훌쩍 넘는 상대 선수에게 바디 체크Body Check를 당한 나는 그대로 기절해버리고 말았다. 연습과 실전의 차이는 생각보다 엄청났다. 120킬로그램의 덤프트럭이 전속력으로 달려들었으니, 신장 165센티미터에 체중 65킬로그램인 내가 버텨내는 것은 애당초 불가능한 일이었다. 꼬박 하루 동안 의식을 잃었던 나는 간신히 정신을 차리자마자 의사에게 사형 선고와 같은 진단을 들어야 했다.

"아이스하키를 계속하면 죽는다."

○────── 이영현 회장이 창설한 아이스하키팀 '화랑'에서 센터를 맡았던 까까머리 16세 백지선 선수는 이후 NHL(북미아이스하키리그) 프로선수를 거쳐 현재 국가대표 감독으로 활동하고 있다.(왼쪽 / 가운데) 국내 아이스하키계의 대부로 불리는 이영현 회장은 저변 확대와 후학 양성을 위해 전폭적인 지원을 아끼지 않는다.(오른쪽)

'죽을 수도 있다'와 같은 가정이 아니라 확신을 담은 의사의 '아이스하키 선수로서의 사형 선고'에 감독은 곧바로 나에게 탈퇴를 권유했다. 받아들일 수 없다고 고집을 부렸지만, 감독은 자신이 맡은 운동부에서 사망자가 나오는 걸 원치 않는다며 나를 탈퇴 처리 해버렸다. 이미 성장이 멈춘 성인이었기에 이제 와서 아이스하키 선수에 걸맞은 체격을 만드는 것은 불가능에 가까운 일이었다.

물론 취미로 아이스하키를 즐길 수도 있었다. 하지만 어디까지나 나는 '선수'가 되기 위해 캐나다 유학을 결정했기에 팀의 탈퇴는 곧 나의 꿈이 물거품이 된 것과 다르지 않았다. 좀 더 직설적으로 말하면 더 이상 캐나다에 있을 이유가 사라진 것이었다. 수많은 모멸과 차가운 냉대를 묵묵히 견디며 온몸이 부서져라 일하면서도 힘든 유학 생활을 버텼던 기둥이 송두리째 뽑혀버린 셈이었다.

부끄러운 과거의 단편이지만 솔직하기로 결심한 이상 날것 그대로 당시를 회상해보고자 한다. 아이스하키부를 쫓기듯 탈퇴한 날 이후 나는 학교도 무단결석한 채 소위 '강술'로 허송세월을 보내고 있었다. 돈이 없어 안주도 없이 술만 줄곧 마셔대며 불특정 다수를 아우르는 원망을 쏟아냈다. 어린 시절 가슴에 품었던 단 하나의 꿈이 신기루가 되어버린 그때의 일은 지금 다시 돌이켜 생각해봐도 하늘이 무너지는 기분이 든다.

삶의 이유가 없어진 나는 무기력한 걸음으로 매일 집 근처의 온타리오 호수를 찾아갔다. 물론 한 손에는 독한 술이 들려진 채였다. 북미 5대 호수 중 하나로 꼽힐 만큼 수려한 아름다움을 자랑하는 온타리오 호수였지만 나에게는 그저 조용히 술을 마시며 큰 소리로 욕을 할 수 있는 한풀이 장소에 불과했다.

시간의 흐름마저 둔감해진 나는 며칠을 온타리오 호수에서 술타령을 했다. 지나가는 사람과 시비가 붙기도 하고, 술을 너무 많이 마신 탓에 그대로 공원 바닥에서 잠이 든 적도 있다. 열정과 의지만큼은 누구보다 강건하다 자신했었지만 감당하기 힘든 허무함은 나 자신도 모르는 새 나의 삶을 새까만 무저갱으로 밀어 넣고 있었다. 술에 취해, 때로는 무기력함에 취해 오랜 시간을 방황하던 내가 퍼뜩 정신을 차린 곳은 온타리오 호수 한복판이었다. 정확히 말하면 한복판은 아니었지만, 나도 모르게 목 가까이 물이 차오르는 깊이까지 걸어갔던 것이다.

아직도 나는 내가 왜, 그리고 어떻게 호수에 뛰어들었는지 기억나지 않는다. 단 한 가지 분명한 사실은 꿈을 잃는다는 건 나의 예상을 아득하게 뛰어넘을 만큼 큰 좌절을 안겨줬다는 것이다. 당시 상황은 지금도 섬뜩한 기억으로 남아 있다.

사람은 누구나 저마다의 목표, 즉 꿈이 있다. 어떤 사람은 역사에 길이 남을 위인을 꿈꾸고, 또 어떤 사람은 세계 경제를 좌우할 만큼의 큰 부를 소망하기도 한다. 그 모든 꿈들은 결국 우리가 살아가는 원동력이자 삶의 근간이 된다. 각자의 꿈은 모두 저마다의 가치가 있다. 대통령이란 꿈과 사회복지사란 꿈의 가치를 저울로 재듯 가늠할 수는 없다. 하지만 우리나라 청춘들의 꿈은 너무 한정되어 있다. 아니, 어쩌면 사회적으로 인정받는 몇몇 그럴듯한 직종을 제외하고는 꿈꾸지 못하도록 세뇌당한 건지도 모르겠다. 20대가 원하는 최고의 직업이 공무원이라니, 이 얼마나 슬픈 현실이란 말인가!

꿈은 동화의 연장이다. 모든 동화가 해피 엔딩이 아니듯 모든 꿈이 꼭 현실로 이뤄지지는 않는다. 나 역시 삶과 죽음의 교차점에서 이를 절절하게 깨달았다. 반드시 꿈을 이루는 것만이 가치 있는 삶은 아니다. 처음에는 파일럿의 꿈을 가졌지만 신체적 조건이 맞지 않아 비행기 안전 진단을 담당하게 됐다면 과연 그가 실패했다고 할 수 있을까? 어느 누군가가 비행기를 조종하려면 보이지 않는 곳에서 비행기를 관리하는 사람이 반드시 필요하다. 오히려 그가 있기에 승객들이 안전을 보장받을 수 있는 것이다.

꿈에 집착하는 순간, 자칫 잘못된 방법을 선택하는 우를 범하기도 한다. 꿈은 그것을 이루는 과정까지 포함해 최종적인 가치가 결정된다. 한두 번 실패하면 어떤가? 또 다른 꿈을 찾아가는 그 시간까지 성공에 이르는 즐거운 여정으로 기억될 것이다.

내가 꿈의 진정한 의미를 깨달은 것은 죽음의 문턱에서 살아 돌아온 후였다. 필사적으로 팔다리를 허우적거리며 겨우 물가로 빠져나온 나는 그 자리에서 실신해버렸다. 세계에서 가장 추운 나라 순위에서 항상 상위권을 차지하던 캐나다의 1월, 영하 18도를 기록한 어느 날에 일어난 사건이다.

다행히 지나가던 행인의 신고로 응급실에 실려 간 나는 의식을 차리고도 일주일 동안 입원을 해야 했다. 극심한 영양실조와 정신적인 불안정성에 따른 결정이었다. 일주일 내내 침대를 떠나지 않았던 나는 멍하니 창밖을 바라보며 생각의 바다에 빠져들었다.

'내가 살아야 할 이유는 무엇인가?'라는 화두를 끊임없이 스스로에게 던지며 답을 찾기 위해 노력했다. 하지만 오랫동안 단 하나의 꿈이었던 아이스하키를 대체할 만한 또 다른 목표가 쉬이 찾아질 리 만무했다. 여타 운동 종목에는 관심도 재능도 없었고, 공부마저 그다지 취미가 없었다. 많은 고민 끝에 나는 아이스하키보다 오랜 세월 가슴에 품고 있던 유일한 보석을 찾아냈다.

'가족.'

내 나이와 똑같은 세월을 함께한 가족이 바로 내가 새롭게 찾은 꿈이었다. 사실 '새롭게 찾은'이란 표현조차 부끄럽다. 너무나 당연해서 그 고마움을 느끼지 못하는 공기와 물처럼 이 세상에서 가장 소중한 가족을 꿈의 목록에서 제외했다는 사실이 한없이 부끄러울 따름이다. 나에게 조국이 하나이듯 가족 역시 유일무이한 가치임을 새삼 깨달았다.

그렇게 잠시 등잔불 밑에 숨겨 놓았던 가족을 불빛 아래로 꺼내들자 다시금 삶의 이유가 샘솟았다. 비록 나 자신의 오랜 꿈은 이루지 못했지만 '가족의 행복'이란 또 다른 목표가 생긴 것이었다.

죽음의 문턱에 한 발을 들이밀었던 삶의 끝자락에서 나를 건져 올린 것은 늘 나를 지지해주고 응원해주는 '완전한 내 편', 가족이었다. 가족이란 이름에 익숙해지지 않길 바란다. 나보다 나를 더 사랑해주는 가족에 대한 존경과 사랑이야말로 우리가 삶을 살아가는 가장 근본적인 이유이기 때문이다.

지금 가족에게 전화를 걸어 "사랑한다" 혹은 "감사한다"고 한마디 전해보자. 그 무엇으로도 채울 수 없는 행복감으로 충만한 하루가 될 것이 분명하다.

고생길 끝에서
행운을 만나다

이방인이 다른 나라에서 인정받는다는 건 매우 어려운 일이다. 글로벌 시대가 일반적으로 받아들여진 지 오래된 지금도 알게 모르게 차별과 배척이 존재하고 있다는 사실을 부정하지는 못할 것이다.

나 역시 마찬가지였다. 수학을 제법 잘했던 덕분에 나는 졸업도 하기 전에 추천을 받아 세계적인 기업으로 인정받는 IBM에 입사를 하게 됐다. 격세지감隔世之感을 느꼈다. 불과 몇 년 전 공장에 다닐 때에는 하루 열 시간씩 파김치가 될 정도로 일하고도 한 달에 겨우 27달러를 받았는데, IBM에서는 신입사원의 급여가 월 875달러에 달했던 것이다. 아무런 경력이나 이력 없이 소위 '막노동'을 하는 것과 대학을 졸업한 것의 차이는 너무나 극명했다. 택시 운전을 하는 와중에도 잠을 줄여가며 마침내 'B+'라는 꽤 괜찮은 성적으로 졸업한 스스로가 대견해진 순간이었다.

최근 우리나라에서는 이른바 '서열식 대학 입시'에 대해 부정적인 여론이 일고 있다. 드라마 〈SKY 캐슬〉의 SKY가 서울대, 고려대, 연세대를 의미한다는 건 누구나 알고 있는 사실이다. 나 역시 오랫동안 고착화된 이러한 대학교 순위 매기기가 마뜩찮은 건 사실이다. 학연이니 지연이니, 공과 사를 구분하지 못하는 비합리적 기준은 더더욱 '아니올시다'다.

지난 수십 년 동안 수많은 직원들과 함께 일해본 끝에 내린 결론은 대학과 업무 능력이 비례하는 건 아니라는 사실이다. 하지만 아이러니하게도 실제로 겪어보기 전까지 한 사람의 능력과 성품을 판단할 만한 정확한 프로세스가 존재하지 않는다. 비단 대한민국뿐만이 아니라 전 세계 많은 나라의 기업들이 여전히 대학 졸업 여부를 중요한 채용 기준으로 삼을 수밖에 없는 이유다.

자, 이제부터는 '꼰대' 소리를 들어도 좋으니 현실적인 이야기를 좀 해볼까 한다.

'제4차 산업 혁명'으로 대변되는 앞으로의 시대에는 대학이 성공의 핵심이 되지 않을 거라는 데에 나도 어느 정도 동의한다. 자신만의 독창적인 아이디어와 창의력, 이를 실현시키기 위한 추진력과 도전 정신을 갖춘 인재가 새로운 시대를 이끌어갈 것이라 확신한다. 하지만 모든 사람이 이러한 사업가 혹은 기업가의 길을 선택할 수는 없다. 어떤 기업과 회사라도 유기적인 운영을 위해서는 반드시 직원들이 필요하기 마련이고 그 숫자는 매우 많을 터다. 쉽게 말해 모든 사람이 CEO가 될 수는 없다는 것이다.

그렇다면 CEO가 일면식도 없는 사람을 직원으로 뽑는 기준은 무엇일까? 수십 년 뒤의 일을 지금 확신할 수는 없지만 같은 CEO의 입장에서 생각해봤을 때, '대학'은 여전히 아주 중요한 채용 기준 중 하나로 작용할 가능성이 농후하다.

대학을 졸업했다는 건 해당 인물의 '성실성'이 어느 정도 인정받을 수 있다는 의미다. 우리나라의 대다수 대기업 및 중견기업 서류 면접의 커트라인인 3.5점(B+) 또한 이와 같은 맥락이다. 다시 한 번 분명히 말하지만 결코 주입식 교육에 입각한 대학 우선주의에 순응하라는 말이 아니다. 다만 '현재의 위치에서 자신이 할 수 있는 일에 최선을 다하길 바란다'는 뜻이다.

열정 가득한 20대 청춘이 가진 무궁무진한 아이디어와 불도저 같은 추진력은 얼마든지 놀라운 혁신으로 이어질 수 있다. 하지만 다소 허무맹랑한 꿈을 좇아 인생에서 가장 찬란한 시기를 낭비한다면 이는 돌이킬 수 없는 실수가 될지도 모른다는 사실을 기억해야 한다.

종종 어떤 학생들이 내게 "학벌이 그렇게 중요한가요?"라는 질문을 던진다. 그런데 이에 대해 대답하기가 참으로 난감하다. 학벌은 중요할 수도, 그렇지 않을 수도 있다. 스티브 잡스나 빌 게이츠, 워런 버핏의 성공이 학벌에서 비롯된 것은 아니다. 해당 사례에서 본다면 학벌과 성공은 별개의 문제라고 할 수 있다. 하지만 반대로 생각해보자. 예컨대 내가 세계적인 기업에서 기획하고 있는 매우 중요한 프로젝트에 참여하고 싶다고 가정하자. 그런데 이 프로젝트에 참여하려면 먼저 입사가 선행돼야 한다. 만약 이때 내가 기업의 입사 기준 중 하나인 '대학교 졸업'을 충족시키지 못한다면 프로젝트의 참여 기회 자체가 사라지게 된다.

그렇다면 이제 내가 청춘들에게 반문해보겠다.

"만약 자신의 꿈을 이루기 위해서 대학교 졸업장이 반드시 필요하다면 어떻게 할 것인가?"

무책임한 이들은 아마 이렇게 대답할지도 모른다.

"그게 언제든, 30대든 40대든, 그때 대학을 가면 되지 않을까요?"

이게 현실적으로 가능한 일이라고 보는가? 물론 가능할 수도 있다. 80대에 만학의 꿈을 이룬 어르신들도 있는데 까짓 30, 40대의 대학 진학이 무슨 대수냐고 주장할지도 모른다. 하지만 모든 일에는 다 때가 있기 마련이다. 70대인 내가 20대 팔팔한 청년들과 아이스하키를 즐길 수 없듯 공부 역시 그에 가장 적절한 시기가 있는 것이다. 또한 서른다섯 살에 찾은 자신의 꿈이 대학을 마치는 4년 후까지 그 자리에서 가만히 기다려준다고 누가 장담하겠는가? 전제부터 어불성설인 궤변일 따름이다.

나는 지금 열다섯 살에 셰프라는 명확한 목표를 설정하고 차근차근 요리사의 길을 가는 소년에게 대학 입학을 강요하는 게 아니다. 자신의 꿈이 선명한 사람은 좌고우면하지 않고 묵묵하게, 진진하게 그 길을 걸어가면 된다.

내가 이러한 메시지를 전하고자 하는 대상은 하루에도 수십 번씩 미래에 대한 고민에 빠지는 청년들이다. 어떤 날은 세계적인 기업에 들어가고 싶다가도 다음 날이면 안정적이라는 핑계로 공무원 시험을 준비하기도 하며 고민의 바다에서 허우적대는 청춘들에게 그저 "지금 자신이 할 수 있는 일에 최선을 다하라"는 말을 전하고 싶을 뿐이다.

IBM에 입사하자 내 생활은 180도 달라졌다. 회사에서는 내게 개인 사무실과 비서를 배정해줬다. 마천루에서 내려다보는 도시의 풍경은 내게 성공의 기쁨을 안겨줬다. 하지만 나의 자격지심은 늘 회사 생활에 장해물로 작용했다.

IBM 신입사원은 매주 금요일마다 사업기획안을 제출해야 했다. 한 주 동안의 업무를 기반으로 회사에 새로운 사업을 제안하는 것이 주요 내용이었다. 하지만 기획안이 속속 통과되는 다른 동료들과 달리 나는 보류 판정을 받기 일쑤였다. 아예 'Fail'을 받는 경우도 왕왕 있었다. 나는 이 모든 일의 원인을 나 자신의 부족함이 아닌, 이방인이기에 받는 차별로 돌렸다. 마음이 엇나가 있으니 회사 생활이 원활할 리가 없다. 동료들과의 트러블은 늘어났고, 심지어 윗사람과의 마찰도 발생했다.

사실 내 기획안은 근본적인 문제점을 갖고 있었다. 나름대로 열심히 쌓아온 영어 실력을 발휘했지만 회사에서 요구하는 핵심을 제대로 설명하지 못했던 것이다. 아직 비즈니스 영어에 취약했던 나 자신에게 문제가 있었음에도 치졸하게 다른 데서 핑계를 찾기 바빴다.

가만히 되짚어 생각해보면 일제강점기를 시작으로 6·25 전쟁과 그 후 생존의 전장 속에서 자란 코리안의 콤플렉스가 순간적으로 발동한 것이 아니었을까 싶다. 혹은 캐나다에 와서 겪은 냉대와 수모의 상처들이 가슴 한편에 파편처럼 박혀 있다 부지불식간에 튀어나왔을지도 모른다. 어쨌든 나의 부족함을 인정하기 싫었던 치기 어린 마음이 나의 회사 생활을 좀먹고 있었다.

이후 다시 신입생의 마음으로 돌아가서 처음부터 비즈니스 영어를 공부하기 시작했다. 오히려 기획안을 두세 개씩 올리며 일에 대한 열정을 보여주기 위해 노력하기도 했다. 하지만 나는

3개월 만에 사직서를 제출해야 했다. 아직 덜 여문 열매가 떫듯이 비즈니스에 대한 준비가 부족했던 나는 회사가 원하는 부품이 아니었던 까닭이다. 물론 회사가 내게 퇴사를 요구하지는 않았다. 스스로 부족함을 느낀 나의 오롯한 선택이었다.

항상 준비된 삶을 살고자 노력했지만 나 자신을 위한 혼자만의 공부와 사회가 원하는 능력은 완전히 달랐다. 결국 나는 소위 1퍼센트의 직장을 뛰쳐나오기로 결심했다. 한편으로는 3개월 동안 회사에서 당한 냉대와 무시를 되갚아주겠다는 다짐을 새겼다. 남이 아닌 나를 위한 꿈, 영리무역의 시발점이었던 것이다.

남들보다 수십 배 더 노력해 당당히 대학을 졸업하고 번듯한 직장에 들어갔지만, 실상은 빛 좋은 개살구나 다름없었다. 무엇보다 나는 물론 내 조국, 대한민국까지 싸잡아 무시하는 동료들의 '꼬라지'를 더 이상 참을 수 없었다. 그렇게 남들이 바라 마지않는 굴지의 대기업을 박차고 나왔지만 마음 한편에 후회와 불안감이 자리 잡은 것은 역시 어쩔 수 없었다.

호기롭게 사직서를 던지고 집으로 가던 길, 곰곰이 돌이켜보니 캐나다에 와서 내가 한 일의 종류가 벌써 열 손가락을 가득 채울 정도라는 사실을 깨달았다. 나의 불뚝한 성격 탓에 모른 척 다닐 수 있었던 직장을 스스로 나온 적도 있지만, 대부분 동양에서 온 낯선 이방인에 대한 편견과 차별이 퇴사의 근본적인 이유임을 재차 확인했다.

거기까지 사고의 영역이 확장되자 또 다른 직장을 찾아야겠다는 나의 생각이 얼마나 부질없는 계획인지 알게 됐다. 내가 지금보다 더 노력한다면 현지인보다 영어를 더 잘할 수는 있겠지만, 다시 태어나지 않는 한 결코 그들과 동등한 권리를 누리지는 못할 것 같다는 느낌을 받았다. 능력의 제고는 나의 노력에 달린 문제지만 근본적인 뿌리는 절대 같아질 수 없는 까닭이었다. 내가 다시 직장을 구한다고 해도 언제든 지금까지와 같은 문제로 회사를 그만둘 가능성이 존재하기 때문에 항상 '불안정한 삶'을 감수해야 했다. 무엇보다 누군가에게 고용된다는 건 결국 고용주를 넘어설 수 없다는 사실과 맞닿아 있었다. 즉, 아무리 훌륭한 성과를 거두더라도 그 한계가 명확한 것이었다.

결국 나는 '누군가에게 고용되는 것'보다 '내가 주체가 되는 것', 다시 말해 '사업'을 골자로 몇날 며칠 고민에 고민을 더했다. 하지만 사업이 어디 그리 쉽게 결정할 일인가. 돈이 넘치도록 충분해도 쉽게 시작할 수 없는 게 사업인데 말이다.

사업이란 근본적인 목표는 세웠지만 정작 그곳까지 찾아가는 길은 도통 알 수가 없었다. 아니, 어떤 사업을 할지 분야조차 정하지 못했으니 답답하기만 할 뿐이었다. 게다가 몇몇 그럴듯한 사업을 구상하려 하면 돈(자금)이 발목을 잡았다. 총체적 난국이었다.

다시 입사를 선택하는 우회로도 있었지만, 한번 결정한 일은 끝장을 볼 때까지 포기하지 않는 나의 성격 탓에 이는 애초에 선택 사항이 아니었다. 회사는 들어가기 싫고 사업은 하고 싶은데, 또 돈은 없었다. 사업을 하겠다는 목표를 이루기에는 최악의 조건이었던 셈이다.

결국 나는 현재 상황을 그대로 받아들이기로 했다. 누군가에게 돈을 빌릴 수도 없었기 때문에 그저 있는 재료로 최선의 맛을 내기 위해 노력하는 것 말고는 달리 방법이 없었다. 나는 가장 만만한 '장사'를 최종 사업 아이템으로 선택했다. 덧붙여 말하면, 이후 장사를 가볍게 생각한 대가를 톡톡히 치렀음은 물론이다.

번듯한 가게를 얻을 돈도 없던 나는 좌판에서 물건을 팔기로 했다. 장사를 처음 해보는 놈이 무슨 사업 수완이 있었겠는가. 나름대로 고민한 끝에 고른 아이템은 '캐나다에서는 볼 수 없는 것'이었다. 나는 다시 한 번 한국에 있는 가족에게 SOS를 날렸다.

서울에서 대학을 다니던 동생과 통화를 하게 된 나는 '목공예품'을 최대한 많이 보내줄 것을 요청했다. 별다른 유행을 타지 않고 썩지 않는 제품이란 생각에서였다.

동생은 발품을 팔아 각 대학 미대생들이 만든 목공예품을 가능한 많이 구입해 나에게 보냈다. 돼지, 토끼, 쥐 등 각종 동물부터 다양한 디자인의 목공예품 10여 상자가 하숙집 한쪽 벽을 가득 채웠다. 대략 500개가량이었다.

물건이 도착한 날 밤, 수십 시간 동안 비행기를 타고 온 소중한 제품들을 하나하나 꺼내 손수 먼지를 털어내고 좌판에 가지런하게 정리한 후 본격적인 장사에 앞서 리허설을 가졌다. 실상은 대학생들이 아르바이트 삼아 만든 제품이었지만 나의 입을 거치자 그럴듯한 예술 작품으로 둔갑했다. 그렇게 직접 문구를 골라가며 선택한 장사꾼의 입바른 소리에 스스로 '말 한번 참 잘한다'고 감탄하며 금세 부자가 될 거란 착각에 빠져 잠자리에 들었다.

다음 날 이른 아침부터 부지런을 떨며 첫 장사 준비를 마치고 성큼 집 밖을 나설 때만 해도 전날의 기대가 곧 현실로 이뤄질 것이라 믿어 의심치 않았다. 하지만 길을 지나가는 사람들은 아예 관심조차 주지 않았다. 밤새 준비한 회심의 멘트를 쓸 기회조차 없었던 것이다.

첫째 날, 둘째 날, 셋째 날……, 시간이 지나도 장사는 좀체 나아질 기미를 보이지 않았다. 생활에 반드시 필요한 필수품도 아닌, 어찌 보면 아무짝에도 쓸모없는 작은 나무조각에 관심을 갖는 사람은 손에 꼽기도 민망할 만큼 극소수였다. 꼬박 5일 동안 판 상품의 개수는 놀랍게도 '제로', 단 하나도 팔지 못했다.

나는 다시 한 번 자문자답을 시작했다.

'왜 장사가 실패했는가?'

이유는 차고 넘쳤다. 아이템 선택 실수, 장사 노하우 부족, 좌판 제품에 대한 고객들의 불신 등 내가 야심차게 준비한 사업의 시작과 끝이 모두 실패의 이유였던 것이다.

'때려치울까?'

또다시 나의 좋지 않은 습관 중 하나인 '욱하는 성질'이 튀어나왔지만, 아직 포장조차 뜯지 않은 아홉 개의 상자가 다시 현실을 깨닫게 해줬다. 판매 전략이 실패로 귀결됐는데 고집스럽게 해당 전략을 고수하는 것은 그냥 죽자는 것과 다름없었다. 고객을 끌어들이지 못한다면 반대로 내가 직접 고객을 찾아가야 한다고 판단한 나는 곧바로 판매 전략을 대폭 수정했다.

'Door to Door.'

행상 혹은 방문을 통해 직접적인 판매 창구를 개척해나가겠다는 계산이었다. 하지만 이 방식 역시 그리 효과적이지는 않았다. 하루 10킬로미터 이상을 걸어다니면서 손가락이 부서져라 문을 두드려도 문전박대를 당하지나 않으면 다행이었다. 한두 개를 파는 부진할 날도 있는 반면, 열 개를 팔 때도 있을 만큼 수익은 들쑥날쑥했다. 하지만 이미 전 재산을 목공예품 구입에 모두 쏟아부은 나는 울며 겨자 먹기로 행상을 계속할 수밖에 없었다.

지금 생각해보면 1년 가까이 행상을 한 덕분에 토론토는 물론 인근에 있는 도시까지 나의 발길이 안 닿은 곳이 없을 정도였으니, 차라리 대동여지도를 만든 김정호 선생처럼 토론토 지도를 만들어 팔았으면 '대박'을 쳤을지도 모른다. 장사를 우습게 본 나의 성급함 탓에 무려 1년 동안 말 그대로 '사서 고생'을 한 셈이다.

여행이나 관광을 목적으로 구경하면서 걷는 것은 재미있긴 하지만 피곤하다. 반면 오직 물건을 팔 생각으로 가득 찬 상태에서 걷는 것은 재미없긴 하지만 피곤하지는 않다. 같은 걸음인데 이런 차이가 생기는 이유는 무엇일까? 바로 '의지의 차이' 때문이다. 피곤한 느낌은 사람의 정신이 흐려졌음을 증명하는 것이다. 하지만 생존에 대한 절박함은 하루 종일 걸어도 피곤함을 느끼지 못하게 했다. 결심했다면, 그리고 실행에 옮겼다면 피곤함을 느끼지 않을 정도로 전력을 다해 부딪쳐야 한다. 뜨뜻한 방바닥에서 편하게 지내는 지금에 만족한다면 결코 발전된 미래를 기대할 수 없다.

행상 1년차를 맞이해 가장 큰 변화가 일어난 곳은 바로 나의 손이었다. 마치 수십 년 동안 전문적으로 가사도우미 일을 한 60대 여성처럼 손가락 마디마디가 울퉁불퉁해지고 곳곳에 흉터가 자리 잡은 것이었다.

당시만 해도 캐나다의 주택에는 지금과 같은 인터폰이 갖춰

져 있지 않았다. 그 흔한 벨조차 설치하지 않은 경우도 많았다. 때문에 집에 방문할 때에는 집주인과 미리 약속을 잡은 후 시간에 맞춰 가는 게 일반적인 문화로 자리 잡고 있었다. 하지만 나는 사전 약속 없이 무조건 문을 두드려야 했다. 제법 두터운 문을 노크하는 소리가 집 안 깊숙이 있는 사람에게 들리게 하기 위해서는 손이 부서져라 나무판을 두드려야 했다. 한두 십은 괜찮았지만 하루에 최소 수십 곳, 많게는 100곳 이상의 문을 두드리다 보면 손에서 피가 흐르기 일쑤였다. 이리저리 손의 부위를 바꿔가며 노크를 해도 절대적인 방문 주택 수가 많은 까닭에 소용이 없었다. 1년 넘게 행상을 하며 문을 두드린 나의 손은 이리 터지고 저리 깨진 끝에 두 번 다시 예전의 모습을 되찾지 못했다.

내가 나의 못난 손을 주제로 후배들에게 던지고 싶은 메시지는 간단하다.

'나처럼 장사 혹은 사업을 하지 마라.'

아무 준비 없이 유학을 온 탓에 불필요한 고생을 하느라 시간을 효율적으로 쓰지 못했던 경험을 반면교사 삼아 다시는 같은 실수를 반복하지 않았어야 함에도 불구하고 나는 똑같은 잘못을 저질렀다. 게다가 세상에서 가장 어려운 장사, 나아가 사업을 우습게 보는 멍청한 행태를 보였다니! 당시 행상 중 객사를 했다고 해도 변명의 여지가 없을 만큼 어리석은 행보였다.

판매가 지지부진한 탓에 나는 오랜 고민 끝에 부자 동네를 공략해보기로 했다. 경제적으로 넉넉한 사람이라면 좀 더 수월하게 판매를 할 수 있을 거라는 생각이었다. 하지만 의외의 지점에서 예상치 못한 문제가 발생했다. 판매 여부를 떠나 집주인 자체를 만나기 어려웠던 것이다.

당시 내가 주로 방문했던 포레스트 힐Forest Hill에 자리 잡은 저택들은 마치 영화 〈킹스맨〉에 등장하는 주인공 콜린퍼스의 성처럼 대문에서 현관까지 100미터 이상 떨어져 있는 것이 일반적이었다. 또한 주인의 허락 없이 들어가면 곧바로 경찰이 출동해 그 자리에서 체포를 했다. 역시 부자 동네는 치안부터 남달랐다. 그런 걸 알 리 없었던 나는 보무도 당당하게 첫 번째 저택의 대문을 넘어 현관으로 향했다. 나의 자연스러운 태도에 앞마당 잔디를 깎던 일꾼조차 방문객인 줄 착각할 정도였다. 아무 의심 없이 현관에 설치된 벨(부자 동네의 모든 집에는 벨이 설치되어 있었다)을 누른 후 잠시 기다렸다. 그러나 나를 반긴 것은 집주인이 아닌 경찰이었다. 안에서 의심스러운 방문객의 정체를 살핀 집주인이 즉시 경찰에 신고를 한 것이었다. 그날 나는 몇 시간 동안 조사를 받은 후에야 겨우 풀려날 수 있었다.

처음에는 앞뒤 사정도 알아보지 않고 곧바로 경찰에 신고한 얼굴 모를 집주인이 원망스러웠다. 하지만 경찰 조사를 받는 동안 입장을 바꿔 그와 같은 상황이었다면 나 역시 비슷한 행동을 했을 거란 생각이 들었다. 누가 낯선, 그것도 캐나다에서는 보기 드문 동양인 남성의 방문에 선뜻 문을 열어주겠는가. 일방적인 강요는 결코 올바른 소통이 아님을 절절이 깨닫게 됐다.

그렇게 1년 가까이 방문 판매를 하면서 참 많은 일을 겪었다. 어떤 날은 집채만 한 덩치의 개들에게 쫓기기도 하고, 또 어떤 날은 팔뚝이 나의 허리만큼이나 굵은 남자에게 멱살을 잡히기도 했다. 돌이켜 생각해보면 보따리장수가 겪을 수 있는 모든 수모를 경험했다고 자신할 정도로 수많은 어려움이 있었다. 그럼에도 불구하고 내가 선택할 수 있는 길은 하나밖에 없었다. 이는 선택의 문제가 아닌, 생존의 문제였기에 다른 탈출구가 없었다.

그나마 한 가지 요령이 생긴 것은 '옷맵시'였다. 먹고사는 데 급급했던 나에게 그럴싸한 옷가지가 부족한 것은 불문가지일 터. 추레한 일상복이 아닌 깔끔한 슈트 차림이었다면 그렇게까지 문전박대를 당하지는 않았을 거란 생각에 옷맵시를 새롭게 정비하기로 했다. 하지만 결국 또 돈이 문제였다. 얼마나 팔릴지 모를 행상을 위해 몇 끼 식대를 훌쩍 뛰어넘는 가격의 옷을 구입하는 것은 머리와 가슴 모두 허락하지 않았다.

궁하면 통한다고 했던가. 무일푼인 나에게도 마지막 남은 선택지가 있었으니, 새로운 인생의 터닝포인트가 되었던 토론토 라이어슨 대학교였다. 나는 다음 날부터 학창 시절 입었던 유니폼을 챙겨 입었다. 당시만 해도 특정 대학교의 유니폼을 별도로 구매할 수 있는 창구가 없었기에 유니폼은 곧 당사자의 신분 증명 수단으로 인정받았다. 즉, 나는 과거의 유산이었던 대학교 유니폼을 방문 판매 유니폼으로 삼았던 것이다.

나의 생각은 반쯤만 들어맞았다. 우리나라로 따지면 각 지역 대표 대학생의 방문에 그간 문전박대가 대부분이었던 집주인들은 호의적인 태도로 나를 맞이하는 경우가 대폭 늘어나게 됐다. 내가 대학교 유니폼을 입기로 결정한 두 가지 이유 중 하나, 집주인과의 대면이 실현된 것이었다. 하지만 나머지 이유이자 방문 판매의 가장 중요한 요소인 '판매'에 대한 가시적인 성과는 도통 나타날 기미가 보이지 않았다. 무조건적인 문전박대의 횟수가 눈에 띄게 줄어든 것은 분명했지만, 대학교 유니폼만으로 낯선 동양인이 파는 정체 모를 물건을 선뜻 구매하는 이는 드물었던 까닭이다. 물론 어느 정도 판매 성과를 올리기는 했지만, 당시의 궁핍한 생활을 완전히 탈피할 정도는 아니었다.

여기서 잠깐, 누차 말하지만 나는 그간의 경험을 매우 중시한다. 나의 경험과 많은 이들이 진리로 받아들이는 여러 선인들의 명언 및 속담이 썩 들어맞지 않는 경우가 많았기 때문이다. 하지만 여기에서는 "지성이면 감천이다"라는 속담을 써보고자 한다. 생활고를 탈출하기 위해 어쩔 수 없이 계속한 방문 판매가 무역인의 삶으로 물꼬를 터준 소중한 인연을 만나는 계기가 됐기 때문이다.

목공예품 방문 판매를 시작한 지 1년쯤 지난 어느 날, 나는 여느 때와 마찬가지로 한 부자 동네에서 발품을 팔았다. 평소와 다름없는 평범한 일상이었지만 이상하게 그날따라 유독 제품이 한 개도 팔리지 않았다. 식대는 고사하고 자칫 왕복 교통비조차 건지지 못한 채 완벽한 마이너스 장사를 할 거란 위기감이 엄습해오던 찰나, 모퉁이 마지막 집에서 반전이 일어났다.

내가 마지막으로 들어간 집은 앞서 방문했던 곳들과 크게 다르지 않았다. 그저 여기서는 제품이 하나라도 팔리길 바라는 간절한 마음을 담아 벨을 눌렀을 뿐이었다. 그러자 인자한 미소의 노부인이 문을 열어주며 집 안으로 안내를 하는 것이 아닌가. 문전박대를 당하는 게 일상이었던 내가 오히려 당황할 정도였다.

고급스러운 인테리어가 돋보이는 집 안으로 나를 안내한 노부인은 소파에 앉을 것을 권하며 따뜻한 차를 한잔 내오기까지 했다. 처음 경험하는 환대에 나는 뭔가 크게 잘못됐음을 직감했다. 나에게 잠시 기다리라고 말한 노부인은 2층으로 올라갔고, 10여 분 뒤 노신사가 계단을 내려와 나의 건너편에 자리를 잡았다.

당시 나와 노신사의 대화를 재구성해보았다.

노신사 당신은 누구인가? 우리가 만난 적이 있는가?

나 나는 당신을 오늘 처음 만났다. 그저 물건을 팔기 위해 이 동네 집을 방문하던 중 우연히 이곳에 들어오게 됐다.

노신사 직접 물건을 들고 집집마다 찾아가 제품 구입을 권유하는 것인가?

나 그렇다, 나는 당신 집이 매우 좋아 보여서 들어왔을 뿐이다. 물건을 사지 않아도 좋다. 아니, 오히려 이렇게 훌륭한 차를 대접받았으니 당신이 마음에 든다면 그냥 줄 수도 있다. 당신과의 만남만으로도 충분히 만족한다.

노신사 젊은 청년이 배짱 한번 두둑하다. 혹시 괜찮으면 내일 9시까지 우리 회사로 찾아와줄 수 있나? 아침 회의에서 당신의 이야기를 소개하고 싶다.

나중에 안 사실이지만 그 집의 주인은 캐나다에서 제일 큰 E백화점 회장이었다. 노부인은 E백화점 회장의 아내로, 내가 업무 관련 용건으로 자택을 방문했다고 착각한 것이었다. 캐나다에서는 찾아볼 수 없는 방문 판매 방식이 신선했던 회장은 자신의 백화점에서 근무하는 '세일즈맨'들에게 나의 이야기를 하고자 내게 역으로 회사 방문을 청했던 것이다.

사실 그때만 해도 E백화점 회장과의 만남이 나의 인생을 뒤바꿔줄 결정적인 계기가 될 것이라고는 전혀 예상하지 못했다.

다음 날 그의 회사에 가서 팔 요량으로 평소보다 조금 더 많이 목공예품을 챙겼을 뿐이었으니 나의 기대가 꽤 낮았음을 알 수 있을 터다. 하지만 다음 날 백화점을 찾아간 나는 그 자리에서 주저앉을 만큼 주체할 수 없이 다리가 떨렸다. 척 보기에도 소위 '포스'가 남다른 수십 명의 인원이 커다란 회의장을 가득 메우고 나를 기다리고 있었던 것이다.

입구에 멍하니 서 있는 나를 본 회장은 직접 마중을 나왔다. 그를 따라 단상으로 올라간 나는 어찌할 바를 몰라 안절부절못했다. 회장은 나의 어깨에 손을 올리고 큰 소리로 "내 생에 만난 가장 훌륭한 세일즈맨을 소개한다"고 말했다. 이후 회장은 나와의 지난 만남을 자세히 설명했고, 이야기가 끝나자 우레와 같은 박수가 쏟아졌다. 사방에서 날아드는 질문에 내가 어떤 대답을 했는지는 사실 지금도 잘 생각나지 않는다. 그저 "Thank you"라는 문장만 수없이 반복했을 뿐이다.

모든 일정이 끝난 후 나는 회장실에서 다시금 그와 독대를 하게 됐다. 회장은 나에게 방문에 대한 감사 인사를 전하는 한편, E백화점 본사에서 근무하고 있는 헤드바이어(판매 책임자)와의 만남을 주선했다.

여기서 짚고 넘어갈 중요한 사실 하나는, E백화점 회장이 나를 부른 이유가 단순히 'Door to Door'라는 판매 방식이 신기했기 때문만은 아니었다. 결론부터 말하면 지극히 사업가적인 측면에서 나와 관계를 맺은 것이었다.

내가 판매하는 한국산 목공예품은 당시 캐나다에서는 찾아보기 힘든 물건이었다. 캐나다 최대 백화점을 운영하는 그의 입장에서 보다 다양한 상품군을 확보하는 것은 곧 경쟁력 제고와 직결되는 문제였다. 특히 그는 최근 방문한 동양권 나라의 독특한 문화에 주목하고 있던 차였다. 즉, 내가 그에게 선보인 동양적 느낌이 가득한 목공예품은 백화점에서 판매하는 상품에 다양성을 부여할 수 있었던 것이다. 나와는 확연히 다른 기업인의 사업 수완이 돋보이는 대목이었다.

헤드바이어는 나와의 미팅을 거친 후 정식으로 '한 달 내 목공예품 3,000개 납품'을 골자로 한 계약을 체결했다. 그저 목공예품 수십 개만 팔아도 운이 좋다고 생각했는데 3,000개 납품이라니! 초라한 보따리장수가 갑자기 거상으로 거듭난 격이었다.

이제 와 고백컨대 사실 그때는 무조건 계약을 하는 게 우선이라는 생각에 구체적인 납품 계획은 생각조차 하지 않았다. 만약 내가 계약 내용을 이행하지 못했다면 감당할 수 없는 거액의 배상금을 물어내야 했을 것이다. 물론 무역의 경험을 쌓고 나서는 철저히 납품 계획과 가능성을 따져본 후 계약에 임하고 있다.

정식으로 계약서를 작성하는 도중 또 다른 문제점이 발견됐다. 아직 회사 이름이 없었던 것이다. 헤드바이어는 이제는 해탈한 표정을 지으며 "당신의 이름을 따서 '영리Young-Lee무역'이라고 하면 어떻겠느냐"는 제안을 했다. 나의 이름을 딴 회사라, 어찌 싫을 수가 있을까? 지금도 나는 그보다 더 좋은 이름은 없을 거라 생각한다. 이래저래 소중한 인연의 연속이 내게는 더없이 감사할 따름이다.

정식으로 계약을 맺기에는 모든 요소가 미흡한 상황이었지만, 회장의 직권으로 계약을 지시한 마당에 이를 무를 방법은 요원했다. 수차례 거래를 지속한 후 알게 된 헤드바이어의 당시 속마음은 '세상에 이런 일이' 정도로 압축할 수 있었다. 세상 누구도 나와 같은 조건과는 일하지 않는다는 것이었다. 모든 게 턱없이 부족했던 스물여덟 살 청춘의 세상을 향한 의미 있는 첫 발걸음은 이렇듯 소중한 인연들의 도움이 있었기에 가능했다.

집 안에 잔뜩 쌓여 있는 재고 때문에 어쩔 수 없이 목공예품 행상을 계속했지만, 나의 의지가 아닌 주변 상황에 떠밀려 선택한 길이 나에게 새로운 기회를 열어줬으니 정말 인생은 알다가도 모를 노릇이라는 생각을 해본다. 다만 앞서 강조한 대로 나는 후배들이 일부러 고생길로 들어서는 것은 절대 지지하지 않는다.

손익 계산에 밝은 사업가라면 결코 나처럼 되지도 않는 사업을 '무식하게' 1년 이상 계속하는 일은 없을 것이다. 내가 당시 처한 상황 탓에 어쩔 수 없이 선택한 길이 운 좋게 긍정적인 결과로 이어졌을 뿐이다. 나와 같은 행운이 모두에게 돌아간다고는 누구도 장담할 수 없다. 후배들이 맹목적이고 무조건적인 '로또식 행운'만을 기대하는 행동은 지양하고 또 지양하길 바라는 이유다. 다른 사람의 성공을 그저 '운이 좋아서'라는 말로 깔아뭉개고, 언젠가 자신에게도 그런 행운이 찾아올 것이란 근거 없는 믿음은 말 그대로 '정신 승리' 그 이상도, 이하도 아니다.

아무런 목적 없이 멍하니 터벅터벅 자신의 길을 가다 보면 하늘에서 행운이 거저 떨어질 것 같은가? 천만에! 누구도 약속하지 못하는 행운만을 바라보며 되지도 않는 고생을 하는 것만큼 획기적인 시간 낭비는 또 없을 것이다.

성공으로 향하는 여정에서 만나는 수많은 갈림길에서 나 혼자만 '운 좋게' 올바른 길을 찾아갈 수 있다고 누가 장담하겠는가. 자신의 노력으로 성공에 이르는 튼튼한 고속도로를 닦는 것만이 헤매지 않고 목적지에 다다르는 가장 확실한 방법이다.

행운은 마치 복권과 같다. 매주 시작과 동시에 복권을 구입하고 일주일 동안 당첨을 기대하는 것만으로도 삶의 또 다른 활력소가 된다. 누구보다 열심히 자신의 삶을 살아가고 성공을 위해 구슬땀을 흘리는 사람만이 행운이란 삶의 복권 당첨을 기대할 수 있는 것이다.

인생은 어디로 튈지 모르는 럭비공과 같다. 그저 먹고살기 위해 선택한 행상이 나를 무역인의 길로 인도한 것처럼 최선을 다하면 어떤 형태로든 기회가 찾아오기 마련이다. 노력하지 않는 자, 행운을 바라지 말라고 했던가. 우리가 늘 최선을 다하는 삶을 살아야 하는 이유다.

물론 지금 내가 누리는 모든 일상은 분명 행운이란 이름에 기대 더불이 크다. 하지만 내게 그에 '긴 빙새 니다글 루해시' 나누 것도 하지 않았음에도 불구하고 하늘에서 불로소득을 준 걸까?

나는 세상 어디에 있는지 모를 성공의 열쇠를 찾기 위해 매일 수십 킬로미터를 걷고 또 걸었다. 캐나다 토론토 지역 어딘가에는 반드시 나를 위한 행운이 있을 거라 믿고 발바닥이 헐도록 걷고, 피부가 터지고 피가 흘러 결국 손 모양이 변할 정도로 남의 집 문을 두드렸다. 문전박대는 기본이고 오만 수모와 멸시를 견뎌야 했고, 때로는 차디찬 경찰서 유치장에서 주린 배를 부여잡고 하룻밤을 보내야 했다.

나를 무역인의 길로 인도해준 E백화점 회장과의 만남은 '행운'이란 표현이 가장 적절할지 모른다. 하지만 그 행운을 움켜쥐기까지 오롯이 나의 선택과 노력이 있었기에 가능했던 일이라고 생각한다.

정리하자면, 나는 성공의 열쇠를 찾는 '행운'을 줍기 위해 끝이 보이지 않는 '노력의 길'을 하염없이 걸어야만 했던 것이다. 내가 후배들에게 "무엇이든 시도하라"고 권하는 이유 역시 이와 같은 맥락이다. 성공을 위한 그 어떤 노력도, 그 어떤 변화도 시도하지 않는 청춘은 길을 가다 동전 한 닢 줍는 행운조차 기대할 자격이 없다.

무엇이든 어떤 분야든, 성공을 목표로 꾸준히 문을 두드리는 노력은 필수다. 세상에서 가장 빠르게 내 의지대로 바꿀 수 있는 것은 오직 자기 자신뿐이다. 성공을 위해 그 누구보다 굵은 땀방울을 흘린 사람만이 행운의 여신의 입맞춤을 기대할 수 있다. 운은 결국 켜켜이 쌓인 노력의 두께에 따라 결정되는 법이다.

결코 대가 없는 행운은 없다. 행운을 사고 싶으면 그에 상응하는 노력을 지불해야 함을 기억하길 바란다.

당신에게 숨겨진
무한의 가능성을 찾아라

무역인의 성적표에는 매출, 수익, 거래 품목, 지점 수, 유통 네트워크 등 수많은 항목이 있다. 앞서 말한 대로 내가 40년간 무역인으로서 받아든 성적표에서 다른 모든 항목이 낙제를 받을 수밖에 없을지 몰라도 두 가지 항목만은 만점이라 자신한다. 바로 '인연'과 '신뢰'라는 이름의 항목이다.

무역의 세계는 북풍한설보다 냉혹하다. 조금 과장해 표현하자면 숫자 하나, 글자 하나에 회사의 운명이 좌우될 정도다. 회사 간의 소통에서는 오로지 공증 받은 계약서만이 효과가 있다. 아무리 개인적인 친분이 있다고 하더라도, 위험성이 0.01퍼센트에 불과한 사업일지라도, 어느 누구도 아주 작은 리스크조차 떠안으려 하지 않는다.

어찌 보면 너무나 당연한 일이다. 나 역시 모든 거래에 있어 명확하게 사업 내용이 명시된 계약서에 최종 서명을 하기 전에는 결코 일을 진행하지 않는다. 아무것도 모르던 초보 무역인 시절, 계약 내용을 오독해 큰 손해를 본 경험이 몸에 좋은 쓴 약으로 작용한 것이다. 나 스스로 인연이란 항목에 만점을 부여한 이유가 바로 여기에 있다. 지금까지 줄줄이 읊은 무역의 기본 원칙을 뛰어넘을 만큼 다른 사람들에게 신뢰를 받았던 나 자신이 더없이 대견하기 때문이다.

무엇보다 내가 무역인의 삶으로 나아갈 물꼬를 터준 두 명의 은인, E백화점 회장과 S물산 잡화과 대리는 보이지 않는 인연의 소중함과 중요성을 알게 해줬다. 내가 행상 중 우연히 만난 E백화점 회장과의 인연을 통해 영리무역을 발족시키고, 나아가 첫 계약까지 따낸 것까지는 마냥 기분 좋은 일이었다. 하지만 3,000개에 달하는 목공예품을 납품 받을 공급처를 찾는 일은 '미션 임파서블Mission Impossible'에 가까웠다.

일단 목공예품을 처음 공급해줬던 동생에게 전화를 걸어 추가 납품 가능 여부를 물어봤다. 하지만 동생에게서 돌아온 대답은 "No"였다. 충분한 시간이 있다면 모를까, 일일이 수작업을 거쳐야 하는 목공예품을 배송 기간까지 포함해 한 달 안에 납품하기는 불가능하다는 것이었다.

절체절명의 순간, 일단 나는 캐나다 유학 후 처음으로 일시 귀국을 단행했다. 무려 42시간이나 걸려 돌아온 한국은 놀라울 정도로 달라져 있었다. 일신우일신日新又日新이란 말처럼 하루가 다르게 발전하고 있는 내 조국, 대한민국이 새삼 자랑스러워지는 순간이었다.

공항에 도착하자마자 집에도 들르지 않고 시청 근지에 있는 호텔에 짐을 풀었다. 당시 대한무역진흥공사KOTRA가 위치한 곳 바로 건너편에 숙소를 잡은 나는 곧바로 대한무역진흥공사를 찾아갔다. 나의 상황을 전해들은 담당 직원은 국내 최대 규모의 종합상사인 S물산과의 만남을 권했다. S물산 역시 마침 근처에 위치해 있었던 덕분에 시간을 줄일 수 있었다. 하지만 일사천리로 내달리던 일 처리는 정작 실무자 선에서 목에 가시가 걸린 것처럼 진척되지 못했다. 목공예품을 담당하는 잡화과 직원은 계약서를 검토한 후 한 달 안에는 절대 물건을 납품하지 못한다는 사형 선고를 내렸다.

나에게 되돌아갈 길은 없었다. 국내 최대 종합상사에서 계약을 이행하지 못한다면 대체 우리나라의 어떤 기업이 이를 책임질 수 있겠는가! 나는 다시 한 번 벼랑 끝에 매달린 절박함으로 담당자에게 사정하고 또 사정했다. 하지만 담당자는 냉정했다. 실적조차 전무한 회사에서 무리한 요구를 반복하니 기분이 좋을 수가 없었던 것이다. 처음에는 조곤조곤한 말투로 거절하던 담당자가 하루 종일 나에게 시달리자 결국 폭발하고 말았다.

"당신이 가져온 계약은 애당초 무리였다!"

그렇게 건물이 떠나가라 소리치며 나의 등을 떠미는 담당자의 뒤에서 구원의 동아줄이 내려온 것은 차라리 기적이었다.

"캐나다?"

나의 어깨를 잡으며 몸을 뒤돌려 세운 사람은 캐나다에서 택시를 운전할 때 만난 손님이었다.

"예스!"

너무나 반가운 마음에 나는 그를 와락 껴안았다. S물산에서 대리로 근무 중이었던 그는 나의 팔을 잡고 자신의 방으로 인도했다. 출범과 동시에 좌초 위기로 내몰렸던 영리무역이 기적적으로 소생한 순간이었다.

그와 만난 것은 내가 대학교를 다니며 택시 운전을 병행하던 때였다. 그날도 다른 날과 마찬가지로 학교를 마치고 택시 운전을 하던 중 인적조차 드문 거리에서 추위에 떨고 있는 한 동양인을 보게 됐다. 동병상련이라 했던가. 나 역시 이방인으로 힘겨운 삶을 살았기에 한눈에 보기에도 곤란에 처한 동양인을 쉬이 지나가지 못했다. 바로 그가 영리무역의 첫 거래를 성공적으로 수행할 수 있게 도와준 S물산 대리였던 것이다.

영어가 그리 능숙하지 않았던 그는 비슷비슷한 동네 구조 탓에 업무상 미팅 장소를 찾지 못해 난감해하던 차였다. 가뭄에

콩 나듯 지나가는 행인에게 길을 묻거나 택시를 잡아타기도 했지만 의사소통이 원활하게 이뤄지지 않아 목적지를 찾지 못하고 있었다. 비즈니스의 세계에서 약속은 곧 신뢰의 다른 말인 까닭에 미팅 시간이 다가올수록 몸속에서 피가 빠져나가는 기분을 느꼈을 터다.

처음에는 그저 택시 기사의 손님이었을 뿐이지만 그와의 인연이 조금 특별해진 건 '통조림' 때문이었다. 그가 처한 상황을 조금 도와주고자 말을 걸었던 나는 간단한 대화에서 서로 한국인이란 공통분모가 있다는 사실을 알게 됐고, 아예 택시비를 공짜로 해줄 만큼 급격하게 가까워졌다. 그동안 늘 생존의 칼날 위에서 절박한 일상을 간신히 이어가고 있던 나에게는 실로 오랜만에 만난 조국의 숨결이었다.

나는 택시 운전을 하며 한 번도 교통법을 위반한 적이 없었다. 그도 그럴 것이 조금 빨리 목적지에 도착하기 위해 과속을 하다가 자칫 과태료를 더 물어야 하는 소탐대실 격의 행동은 동전 한 푼이 절실한 나에게는 애당초 선택지에 있을 수 없었다. 그랬던 내가 딱 한 번 과속을 했는데, 그게 바로 이때다. 내가 사랑하는 조국, 대한민국 동포의 약속 시간에 맞추기 위해 토론토 시내를 '총알택시'마냥 질주했던 것이다.

간신히 약속 시간에 맞춰 도착한 그는 나에게 감사 인사를 하며 미팅이 끝난 후 다시 만날 것을 제안했다. 몇 년 만에 마음껏 모국어를 쓸 수 있는 기회를 놓칠 수는 없었다. 당연히 OK 사인을 날린 나는 평소보다 빨리 일을 끝내고 미팅 장소 앞 커피숍에서 그를 기다렸다.

미팅이 예상외로 길어졌는지 생각보다 오랜 시간이 지난 후에 만난 그는 나의 손을 잡고 "덕분에 일을 잘 마무리했다"며 다시 한 번 감사 인사를 전했다. 그의 환한 미소에 나의 마음까지 푸근해졌다.

고마움의 표시로 저녁 식사를 대접하겠다는 그를 극구 말리며 내가 묵던 하숙집으로 향했다. 캐나다 생활을 오랫동안 해온 '선배'로서 '후배'에게 밥을 얻어먹을 수는 없다는 다소 이해하기 힘든 자존심의 발로였다. 한편으로는 이미 현지 적응을 마친 선배로서 체면을 살리고 싶다는 마음도 있었다. 하지만 이와는 별개로 주머니 사정이 그리 넉넉하지 않다는 현실적인 문제가 있었다. 그럴듯한 식사를 대접하기에는 나의 잔고가 너무나 빈약했던 것이다.

고육지책으로 생각해낸 방법이 하숙집에 고이 쟁여놓았던 '통조림'에 간단한 반주를 곁들이는 것이었다. 고급 레스토랑은 언감생심이고 집에서 대접할 수 있는 최선이 바로 통조림이었던 까닭이다. 하숙집으로 가는 내내 "캐나다에 왔으니 현지 식을 먹어봐야 한다"는 다소 억지스러운 이유를 반복적으로 세뇌시키며 마치 통조림 한 상 차림이 캐나다 가정식인 양 포장하기 바빴다.

　돌이켜 생각해보면 나의 이러한 주장이 억지춘향이라는 사실을 진작 알아챘을지 모른다. 척 보기에도 낡은 방에서 통조림 몇 개로 저녁을 때운 것은 아무리 그럴듯한 핑계를 대더라도 경제적 여건이 좋지 않음을 방증하는 것밖에 되지 않았기 때문이다. 하지만 그는 식사하는 내내 그러한 내색을 전혀 하지 않았다. 오히려 연신 엄지손가락을 치켜들며 나의 기를 살려줬다. 음주에 취약한 나도 분위기에 취한 듯 제법 독한 술이었음에도 밤새도록 잔을 기울이며 수다 삼매경에 빠졌다. 흔하디흔한 통조림으로 파티를 연 그날 밤은 그간 힘겨웠던 캐나다 유학 생활의 힘겨움을 잠시나마 잊을 수 있게 해준 소중한 시간이었다.

　물론 당시만 해도 그가 S물산에서 근무하고 있다는 사실은 알지 못했다. 그가 정확한 회사 이름을 밝히기 꺼려했기에 나 역시 굳이 캐묻지는 않았던 것이다.

　그렇게 한여름 밤의 꿈으로 남으리라 생각했던 그와의 우연한 인연은 몇 년 뒤 영리무역의 초석을 닦아준 첫 계약을 달성하는 데 결정적인 도움이 됐다. 나와 캐나다에서 쌓은 추억이 좋은 기억으로 남은 까닭에 자신의 모든 인맥을 동원해 물심양면으로 지원을 아끼지 않았던 것이다. 하루 종일 오만 가지 방법으로 매달려도 "불가능하다"는 말만 앵무새처럼 반복하던 직원까지 그의 말을 듣고 태도를 바꿔 단 하루라도 납품 날짜를 줄이기 위한 다양한 방안을 제시하기도 했다.

그렇게 그의 도움으로 납품처를 확보하고 나서야 나는 부모님께 연락을 드렸다. 한국에 왔으니 응당 자식 된 도리로 찾아봬야 했던 것과는 별개로 제품의 잔금을 치를 돈이 필요했기 때문이다. 본가 역시 경제 상황이 그리 좋지는 않았지만 나의 선택을 믿었던 부모님은 친인척들에게 부족한 금액을 빌려가면서까지 당신들의 아들을 지원해줬다. 다시는 부모님께 부담을 드리지 않겠다고 다짐했지만, 중요한 갈림길에서 내가 기댄 것은 결국 가족이었다. 물론 이후 부모님의 돈에 이자까지 두둑이 얹어 수배로 갚았지만 그에 대한 감사의 마음은 40년이 지난 지금까지도 한결같다. 그렇게 가족과 S물산 대리의 도움으로 나는 한 달 후 3,000개의 목공예품을 무사히 납품할 수 있었다.

목공예품을 화물 비행기에 실어 캐나다로 보내던 날, 공항까지 배웅 나온 그를 꼭 안고 고맙다는 말만 되풀이했다. 그는 담담한 목소리로 별것 아닌 도움이었다며 애써 나의 마음을 가볍게 해줬다. 별것 아닌 인연을 이유로 나의 인생이 걸린 중차대한 문제를 해결해준 그는 여전히 은인이자 좋은 친구, 나아가 비즈니스 파트너로 인연을 이어가고 있다.

나는 '사람은 누구나 사랑과 능력을 무한대로 갖고 태어난다'고 생각한다. 한쪽 가슴에는 사랑을, 또 다른 쪽 가슴에는 능력을 품고 있음에도 불구하고 대부분의 사람들이 이를 제대로 써보지도 못하는 현실이다. 내가 캐나다에서 만난 S물산 대리에게 대가를 바라지 않고 베풀었던 그 사랑이 없었다면 다른 한쪽 가슴에 있는 능력은 써볼 기회조차 얻지 못했을 것이다. 어려운 동포에 대한 사랑이 소중한 인연으로, 그렇게 맺어진 인연이 결국 나의 인생을 바꾼 결정적 계기로 되돌아왔다.

평생을 무역인으로 살며 수많은 나라를 다닌 나는 '한국 사람은 세계 그 어느 나라 사람보다 훌륭한 DNA를 갖고 있다'고 확신한다. 우리는 설사 살을 에는 추위가 몰아치는 시베리아나 혈액까지 증발시킬 만큼 뜨거운 사하라 사막 한복판에 있더라도 결국 탈출구를 찾아낼 수 있다. 우리나라 청춘들은 극한의 상황에서도 그에 맞는 결과를 도출해내는 능력이 있다고 믿어 의심치 않는다.

우리 후배들은 자신의 능력을 너무 과소평가하는 것 같다. 나의 귀에도 "금수저가 아니면 헬조선에서는 아무 소용이 없다"는 식의 넋두리가 들려올 정도이니 그들이 느끼는 현실이 얼마만큼 절망적인지 미루어 짐작할 만할 터다. 하지만 사람은 누구나 자신의 노력 여하에 따라 능력을 무한대로 발휘할 수 있다. 아인슈타인이 평범한 사람들에 비해 뇌세포를 겨우 2퍼센트 정도만 더 사용했을 뿐인데도 역사에 남을 천재로 평가받듯이 우리 후배들 역시 얼마든지 제2의 아인슈타인, 제2의 빌 게이츠가 될 수 있다.

자신이 정말 아무것도 아닌 사람 같은가? 아무리 발버둥 쳐도 현재의 삶을 절대 벗어나지 못할 만큼 상황이 절망적인가?

나는 세계 곳곳에서 감히 상상도 하지 못했던 아이디어를 현실로 이뤄가고 있는 후배들을 만나곤 한다. 나에게 조언을 청하는 후배들에게 때로는 쓴소리를 할 때도 있지만, 사실 마음 한편으로는 흐뭇한 감정을 숨길 수 없을 정도로 너무나 기쁘다. 이 사람이 내 후배라고 동네방네 소문을 내고 싶지만 자칫 자만의 늪에 발목이 잡히지 않을까 하는 걱정에 칭찬조차 마음껏 하지 못할 뿐이다.

자신을 너무 과소평가하지 마라. 우리 후배들은 이미 성공을 위한 충분한 조건을 갖추고 있다. 다만 이를 현실화시킬 '계기'가 필요할 따름이다. 하지만 성공의 물꼬는 내가 아무런 노력도 하지 않는데 누군가 거저 터주지 않는다. "노력은 결코 배신하지 않는다"는 말이 왜 있겠는가?

나 자신을 배신하고 싶지 않다면 지금 당장 무엇이든 저질러보자. 성공을 위한 모든 과정과 시도는 그 자체로도 반짝반짝 빛나는 특별한 가치가 있다.

이미 성공을 위한 모든 조건을 갖춘 우리 후배들이, 대한민국 청춘들이 자신의 능력을 믿고 세계를 향한 출사표를 당당히 던지는 순간을 손꼽아 기다려본다. 하지만 현재 상황은 녹록지 않다. 지난해 우리나라의 청년실업률은 무려 12퍼센트에 이른다고 한다. 또한 통계청 자료에 따르면 매년 100만 명이 창업을 하지만 반대편에서는 80만 명이 폐업을 선택한다고 한다. 취업과 창업(사업)이란 두 가지 선택지가 모두 오답이란 평가를 받는 이유다. 특히 나와 같이 사업가의 길을 선택한 후배들은 성공이 아닌 생존부터 걱정해야 할 만큼 상황이 좋지 않은 게 사실이다. 과연 누가 이들에게 생존, 나아가 성공의 길을 확연히 제시해줄 수 있을 것인가?

요즘 서점의 진열대에서는 수많은 창업 관련 서적을 볼 수 있다. 창업에 대한 노하우, 실패를 피하는 방법, 유망한 창업 업종 등 수많은 주제로 창업의 성공을 보장한다. 하지만《손자병법》을 100번 읽는다고 전쟁에서 승리하는 게 아닌 것처럼 성공에 대한 모범답안은 없다고 생각한다. 각자의 상황이 다르고 하루가 다르게 시대가 변하고 있기 때문이다.

지극히 내 개인적인 경험에 비춰보자면 성공의 우선 조건은 현재 내가 할 수 있는 일이 무엇이고, 내가 좋아하는 것과 하고 싶은 일이 무엇인지를 구분하는 것이다. 어떤 일을 하든지 신바람이 나서 하는 것과 억지춘향으로 하는 것의 결과는 하늘과 땅 차이라 할 수 있다.

사업에 몰두하던 시절, 나는 아침에 눈만 뜨면 빨리 회사에 나가 일을 하고 싶어 몸이 근질근질할 정도였다. 한국 상품을 수입해 판매하는 일이 나에게는 천직처럼 느껴졌고, 캐나다 사람들에게 한국을 알리는 선봉장이라는 자부심으로 충만했다. 그로부터 수십 년이 지난 지금은 세계 각국의 대학과 기업체에 강연을 다니며 어떻게 하면 내 경험을 통해 젊은 세대들에게 용기와 희망을 주고 영감을 줄 수 있을지, 하루하루를 즐거운 고민으로 시작하고 있다.

성공하기 위해서는 직접 부딪치면서 그 경험을 통해 알아가는 수밖에 없다. 나의 모든 것을 쏟아부을 수 있는 일을 깊게 파고들어가는 것이 중요하다.

비록 모든 사업을 관통하는 정답은 아닐지라도 내가 직접 경험하며 깨달은 성공의 필수 조건 다섯 가지를 밝히고자 한다.

첫째, 뚜렷한 목표를 정하라. 《논어》에는 '발분망식發憤忘食'이라는 말이 나온다. '일을 이루려고 끼니조차 잊은 채 분발하고 노력한다'는 의미로, 한 가지 일에 온 정신을 쏟아야 함을 일컫는다.

창업을 선택했다면 결코 좌고우면하지 말고 오롯이 성공이란 목표를 똑바로 바라봐야 한다. 긍정적인 마인드와 과감한 행동, 그리고 자신이 나가야 할 방향을 정확히 아는 것이야말로 성공을 향한 가장 기본적인 조건이다. 특히 어떤 일이든 '할 수 있다', '될 수 있다'는 마음으로 시작해야 한다. 부정적인 마인드로 사업을 하는 것은 시작도 하기 전에 이미 실패를 전제하는 어리석은 행동이다.

로마의 국민 서사시 〈아이네이스〉로 유명한 시인 베르길리우스는 긍정의 힘에 대해 "할 수 있다고 생각하기 때문에 할 수 있는 것이다"라고 말했다. 확고한 목표를 향해 흔들림 없는 걸음을 옮길 수 있는 뚝심이야말로 성공의 전제 조건임을 명심해야 한다.

개인적으로는 조금이라도 젊었을 때 많은 일을 경험한 사람만이 성공 방정식을 빨리 습득할 수 있다고 생각한다. 무슨 일이든지 가리지 않고 열심히 하다 보면 그로 인해 사람을 알게 되고 네트워크가 형성된다. 그 속에서 자신이 갈 방향을 찾을 수 있다. 무한한 가능성을 품은 우리나라 청년들이 소중한 기회를 놓치지 않길 바란다.

둘째, 인연을 소중히 여겨야 한다. 이는 내가 가장 강조하는 부분이다. 나는 늘 "내 현재는 수많은 인연들의 도움 덕분이다"라고 말한다. 사업도 결국 사람이 열쇠일 수밖에 없다. 사람과 사람 간의 관계로 풀어나가는 사업이야말로 긍정적인 인연들이 주위에 얼마나 많이 있느냐에 따라 성패가 결정되기 마련이다.

나는 오랜 경험을 통해 내가 먼저 1달러를 주면 상대방은 내게 2달러, 3달러를 돌려준다는 걸 깨달았다. 지금의 손해가 평생의 손실로 이어질 거란 생각은 너무나 근시안적인 사고일 뿐이다. 설사 당장은 내가 손해를 보는 것 같아도 시간이 지나면 결국 내게 긍정적인 부메랑으로 되돌아온다는 사실을 기억해야 한다. 나 역시 캐나다에서 이른바 '통조림 식사'로 맺어진 인연이 영리무역의 성공의 물꼬를 터줄 것이라고는 생각지 못했다. 아무 조건 없이 베푼 통조림 하나와 작은 도움이 결국 복리 이자가 붙어 내게 돌아온 모양새다.

세상을 살면서 남을 돕는 데 결코 인색하지 않길 바란다. 대가를 바라지 않고 돕는 좋은 인연은 신뢰의 대지에 굳건히 뿌리를 내리고 종래에는 화사한 꽃을 피우기 마련이다.

셋째, 고정관념을 버려야 한다. 무역의 첫걸음은 '발상의 전환'이다. 우리에게는 당연하게 여겨지는 물건일지라도 다른 문화권의 사람들은 전혀 다른 시각으로 바라볼 수 있다. 예를 들면 '가방은 물건을 담는 것'이라는 고정관념에서 탈피할 때 비로소 발상의 전환이 시작된다. 내가 놋쇠요강을 캔디박스로, 빨래판을 공예품으로 팔았던 것도 발상의 전환 덕분이었다.

캐나다로 유학을 가기 전까지 실내 스케이트장이 있으리라고는 꿈에도 생각지 못했다. 운동장만 한 크기의 실내 스케이트장을 실제로 봤을 때의 그 놀라움은 지금도 생생하게 기억한다. 그러한 고정관념의 틀을 버려야 새로운 세계에 눈을 뜰 수 있는 것이다. 같은 사물을 보더라도 다른 시각으로 창조해낼 수 있는 사고 능력을 갈고닦으면 최고의 글로벌 인재가 될 수 있다. 이력서를 채우기 위한 '보여주기식 스펙'을 쌓을 시간에 자신에 대한 탐구를 더욱 깊게 하고, 남들과는 다른 창의적인 사고를 키우는 일에 매진하자. 남들과 다른 생각을 갖지 않으면 남들과 다른 성공도 바랄 수 없다.

넷째, 신용은 곧 자본이다. 공부에 왕도가 없듯이 성공에 이르는 지름길 역시 존재하지 않는다. 다만 보다 수월하게 성공에 도달할 수 있는 '도구'가 있다면 그것은 바로 진정성 있는 마음과 믿을 수 있는 행동일 것이다.

나는 지금 당장이라도 한 푼의 계약금 없이 꽤 많은 물건을 들여올 수 있다. 냉혹한 무역 시장에서는 상상도 하지 못할 일. 정직하게 살아오고자 노력한 내 40년 무역인으로서의 성적표인 셈이다. 물론 내가 대가 없이 물품을 먼저 들여온 적은 없다. 오히려 납품 전에 계약금 전액을 모두 결제할 때가 많다. 혹시라도 영리무역으로 인해 거래처가 손해를 보지 않게 하려는 나만의 배려이자 경영 철학이다. 이 때문인지 영리무역 파트너들과의 관계는 짧게는 10년, 길게는 30년 이상을 헤아린다. 서로를 신뢰할 수 있는 관계 덕분에 영리무역과 많은 거래처는 동반 성장을 이뤄냈다.

그 문턱 높다는 은행 역시 마찬가지다. 나는 무역인을 죽이는 두 가지 칼 중 하나가 바로 '이자'라고 생각한다. 참고로 다른 하나는 '재고'다. 은행의 이자라는 게 참으로 무섭다. 회시 상황에 따라 수시로 널뛰기하기 때문이다. 예컨대 회사 자금에 경색이 오기라도 하면 바로 상환 요구가 들어오거나 이자가 크게 뛰는 식이다.

수십 년 동안 오직 한 곳의 은행과 거래하고 있는 나는 비교적 이러한 리스크에서 자유롭다. 매출액의 편차가 큰 무역의 특성상 은행 이율 또한 시시각각 변하기 마련이다. 하지만 수십 년 동안 영리무역의 성장과 안정적인 매출을 지켜봐온 주거래 은행은 오랫동안 낮은 금리를 제시해왔다. 덕분에 영리무역은 자본 부분에 대한 큰 리스크 없이 성장을 거듭할 수 있었다.

무역인, 나아가 모든 기업인에게 있어 신용은 곧 자본이다. 높은 신용은 곧 넉넉한 자본으로 치환된다. 그런데 신용과 신뢰는 결코 하루아침에 쌓이지 않는다. 오랜 세월 함께 동고동락하며 서로가 서로를 먼저 생각하고 있음을 확신할 때 비로소 그 실체를 드러낸다. 우리가 순간순간 정직하게 살고자 노력해야 하는 이유다.

다섯째, 자신의 경험을 자녀에게 유산으로 남겨야 한다. 유태인의 5,000년 지적 자산이 농축돼 있는 《탈무드》에서는 "자식에게 물고기를 가져다주기보다는 물고기를 잡는 법을 가르쳐주어야 한다"고 말한다. 우리가 자식에게 물려줄 것은 큰 숫자가 찍힌 통장이 아니라 통장에 큰 숫자가 찍힐 수 있는 방법이다.

○─────── 오직 자신의 조국, 대한민국 상품만으로 수출 1억 달러란 금자탑
을 쌓은 이영현 회장의 이야기는 전 세계 무역인들에게 깊은 울
림을 전해준다.(KBS 〈아침마당〉 목요특강)

　　나는 이 책을 통해 내 40년 경험을 물려주고 싶다. 경험을 물
려준다는 것은 단지 이야기를 들려주는 게 아니라 성공과 실패
의 반복을 체감할 수 있도록 이끌어준다는 의미다. 현재 영리무
역의 실질적인 경영을 아들에게 맡기고 세계 곳곳을 자비로 다
니면서 청년들에게 사업과 무역의 노하우를 강연하는 이유도
우리 세대가 물려줘야 할 유산은 경험이라 여기기 때문이다. 지
난 2003년, 월드옥타World-OKTA, 세계한인무역협회가 '차세대 무역

스쿨'이라는 프로그램을 만든 것도 마찬가지 이유다.

나는 월드옥타의 75개국, 147개 지회 어디서든 강의를 요청하면 비행기를 타고 자비로 날아간다. 대학에서 특강 요청을 하면 강의료 없이도 강단에 선다. 사랑하는 후배들에게 비록 고생으로 점철됐을지라도 내 오랜 경험을 나눠주고 싶기 때문이다. 그래서 내 강의를 들은 사람 중 한 명이라도 큰 부자가 되었으면 좋겠다는 바람을 갖고 있다.

내 꿈은 소프트뱅크 손정의 대표이사나 알리바바 마윈 회장 같은 인물을 육성하는 것이다. 한 명의 큰 부자가 수십만 명의 삶을 책임질 수 있기 때문이다. 다만 한국인의 DNA를 가진 청년이어야만 한다. 내가 사랑하는 조국의 후배들이 제2의 마윈, 제2의 손정의로 거듭나길 바란다.

그럴듯한 포장, 남은 속여도 결코 나 자신은 속일 수 없다

우연을 가장한 인연 덕분에 첫 계약 내용대로 3,000개의 목공예품을 들고 위풍당당하게 캐나다에 재입성 한 나는 공항에 도착한 즉시 E백화점을 찾아갔다. 한발 앞서 떠난 목공예품은 이미 백화점 한편에 자리를 잡고 있었다.

  내가 백화점 사무실로 들어가자 몇몇 이들은 큰 환호와 함께 내 어깨를 두드리고 악수를 하거나 아예 껴안고 덩실덩실 춤을 추기도 했다. 심지어 일부는 커다란 책상 위에 올라가 큰 소리로 '영리'를 외치기도 했다. 어리둥절한 나는 그저 즐거운 이벤트 정도로만 생각했다. 나중에 안 사실이지만 동양인과의 첫 거래를 두고 직원들끼리 내기를 한 것이었다. 놀랍게도 성공과 실패의 비율은 무려 1퍼센트 대 99퍼센트였다. 내기 금액이 그리 크지는 않았지만 배당이 꽤 높았기 때문에 성공에 건 직원들은 제법 짭짤한 부수입을 올릴 수 있었다.

실무자조차 나와의 거래 완료 가능성을 1퍼센트 이하로 평가할 만큼 부정적이었지만, 결국 이를 완수해냄으로써 돈으로도 살 수 없는 그들의 신뢰를 얻었다. 이후로도 내가 E백화점과 오랫동안 거래를 유지한 이유 역시 이러한 신뢰 관계에서 찾을 수 있다.

참으로 아이러니한 사실은 내가 행상으로 팔던 것과 같은 상품임에도 불구하고 백화점에서 판매하니 날개 돋친 듯이 팔려나갔다는 것이다. 당시만 해도 백화점과 행상의 차이라고 여기며 애써 무시했지만, 사실 백화점과 나의 차이는 '신뢰의 크기'였다.

백화점은 다른 판매처에 비해 상대적으로 가격이 비싸다. 하지만 많은 사람들이 백화점 쇼핑을 선호하는 경향이 짙다. 물론 그저 돈이 많아서 백화점을 선택하는 건 아닐 것이다. 같은 목공예품임에도 불구하고 사람들이 백화점에서 더 비싼 가격에 구입하는 것을 본 나는 고객이 가장 중요하게 여기는 요소가 무엇인지 깨닫게 됐다.

정체 모를 보따리장수가 판매하는 제품은 그 누구도 품질을 보장해주지 않는 데 반해, 백화점에 입점한 상품은 사전에 철저한 검수가 이뤄졌다는 '신뢰'가 있었던 것이다. 나는 첫 계약으로 납품한 목공예품의 판매 상황을 며칠 동안 지켜보며 한 가지 다짐을 했다.

'영리무역에서 취급하는 모든 제품은 회사 이름만으로도 고객들이 믿고 구입할 수 있도록 꼼꼼하고 철저하게 분석하고 품질을 확인하겠다.'

이후 나는 영리무역만의 품질 검사 방식을 만들었다. 좀 더 정확히 말하면 '나만의' 품질 검사 방식이었다. 지금은 절대 사용하지 않는 주먹구구식인 것은 물론 다소 과격하기까지 했다. 내가 사용한 방식은 바로 테이블에서 일부러 제품을 떨어뜨려 보는 것이었다.

아마 지금도 제법 많은 이들이 내가 계약 조율 중 제품을 테이블에서 떨어뜨린 게 실수였다고 생각할지도 모른다. 나름대로 자연스럽게 제품을 떨어뜨리는 연습을 한 까닭에 제법 그럴듯해 보였을 것이다. 하지만 나의 그러한 행동의 내막은 제품의 품질을 확인하기 위해서였다. 단순한 공산품부터 전문적인 지식이 필요한 전자제품까지 수많은 제품군을 아우르는 상품을 취급해야 했기 때문에 고육지책으로 짜낸 방법이었다. 지금 다시 돌이켜보면 '나도 참 나답게 무식한 방법을 썼구나!'라는 생각에 실소가 새어나오곤 한다.

방식이야 어쨌든 내가 목표하는 바는 명확했다. 영리무역이란 이름이 곧 신뢰와 직결될 수 있도록 만드는 것. 물론 이후에는 단순히 제품에 충격을 주는 방식이 아닌, 각 분야의 전문가가 담당하는 세밀한 검수 시스템을 구축하게 됐고, 덕분에 업계에서 "영리무역은 정말 지독하다"는 소리를 들어야 했다. 언뜻 부정적 평가라고 생각할 수도 있지만 나에게는 더없이 좋은 칭찬일 뿐이다. 회사의 이익보다는 내 조국에 대한 애정을 우선했듯, 제대로 검증되지도 않은 물건을 팔아치워 눈앞의 성과를 내기보다는 고객의 신뢰를 얻는 데 집중했음을 증명하는 평가이기 때문이다. 지금까지 영리무역이 판매한 제품은 적어도 품질에서만큼은 문제를 일으킨 적이 없다.

이런 나의 고집스러운 사업 철학 덕분에 수십 년을 이어오도록 영리무역은 고객들은 물론 바이어, 거래처의 두터운 신뢰를 얻고 있다. 내가 무역인으로서 당당할 수 있는 근거 중 하나다. 스스로에게 당당하면 다른 사람과의 관계에서 주눅들 이유가 없다. 반대로 자신이 느끼기에 떳떳하지 못하다면 다른 이와의 만남에서 위축될 수밖에 없는 것이다.

나 역시 이를 깨닫기까지 꽤 오랜 시간이 필요했다. 불행 중 다행인지 내 성격이 그리 치밀하거나 남을 속일 만큼 똑똑하지 않았던 까닭에 냉정하게 과거를 돌아봐도 남들에게 부끄러울 만한 잘못은 하지 않았다. 무역업에 종사하며 수많은 사람들과 관계를 맺으면서도 결코 일방적인 희생과 양보를 강요받지 않았던 것도 소위 말하는 '약점'이 없었기 때문이다. 나는 평생 그 누구보다 나 자신에게 당당하기 위해 노력했다.

가장 쉬운 일은 자신을 속이는 것이다. 내일 당장 중요한 시험이 있더라도 몸이 피곤하면 '새벽에 일찍 일어나서 공부해야지'라고 자신을 속이는 식이다. 단언하지만 열 중 열 모두 절대로 새벽에 일어나 공부하지 못한다. 자신조차 속이려는 사람에게 의지가 있을 리 만무하지 않은가? 남들에게 신뢰를 얻고자 한다면 먼저 자기 자신에게 떳떳해져야 한다.

내가 후배들에게 목표를 가지라는 케케묵은 주장을 반복하는 것 역시 같은 맥락이다. 놀 거리가 넘쳐나서일까. 일부 청춘들은 주어진 일이나 의무도 등한시한 채 그날그날 자신에게 유리한 핑계를 만들며 허송세월을 보내고 있다. 그런 이들에게 "당신의 꿈은 무엇인가?"라는 질문을 던지면 대부분 "돈을 많이

이영현 회장의 우직한 40년 세월 덕분에 세계 곳곳에 대한민국이란 이름이 각인될 수 있었다.

벌고 싶다"는 밑도 끝도 없는 대답이 돌아온다. 부자가 되는 게 꿈이라니, 차라리 S전자 주식을 50퍼센트 이상 사겠다는 목표가 현실적으로 다가올 정도다.

청춘의 꿈은 또렷해야 한다. 목적지까지 가는 길에 다소 돌아갈지라도 망망대해에 솟은 등대처럼 꿈은 항상 한자리에 뿌리내려야 한다. 실체적 과정이 없는 막연한 목표는 자칫 삶의 길마저 잃어버리게 할 수 있다.

어떤 목표라도 좋다. 만약 목표가 빌 게이츠처럼 되는 것이라면 그에 다다르기 위해 노력하고 또 노력하라. 비록 빌 게이츠를 뛰어넘지는 못할지라도 그 누구보다 열심히 노력했다면 어느새 목표에 매우 가깝게 다가가 있는 자신을 발견할 수 있을 것이다. 목표는 내가 최선을 다해 삶을 살아야 할 이유일 뿐, 꿈을 이루지 못했다고 실패한 삶이라는 의미는 절대 아니다.

우리 후배들은 종종 과정보다 결과가 더 중요하다는 생각을 하는 듯하다. 이른바 '졌잘싸(졌지만 잘 싸웠다)'와 같은 신조어처럼 아무리 건투했더라도 결과가 패배라면 아무 의미가 없다고 주장한다.

그렇다면 영화 〈우리 생애 최고의 순간〉 속 대한민국 여자 핸드볼 국가대표팀이 딴 은메달은 실패의 상징인가? 단언컨대 절대 그렇지 않다!

다소 귀에 걸리는 이야기겠지만, 때로는 과정이 결과보다 더 중요하게 여겨지곤 한다. 예컨대 새롭게 맺은 계약의 결과가 비록 좋지 않을 수도 있지만, 그것에 도달하기까지의 과정을 반면교사 삼아 기존 사업의 미흡한 점을 보완한 후 결국 더 큰 이익을 창출하기도 하는 것이다. 과정 없는 결과는 없다. 스스로에게 떳떳한 삶을 살아가는 '과정'에 충실하다면 그 끝에서 손에 쥘 '결과'까지 충분히 만족스러울 것이다.

목공예품 3,000개의 최종 납품을 마친 후 헤드바이어를 만난 자리에서 나는 평생 잊지 못할 순간을 맞게 되었다. 완납 증명서에 서로 사인을 하고 난 뒤 헤드바이어는 고급스러운 봉투를 나에게 내밀었다.

"고맙습니다, 앞으로도 잘 부탁해요."

굳은 악수와 함께 받아든 봉투 속에는 무려 3,000달러짜리 수표가 들어 있었다. 3,000달러라니! 늘 생활고에 허덕이던 서울 촌놈의 입장에서는 꿈에서도 본 적 없는 큰돈이었다. 참고로 내가 살던 하숙집 건물의 시세가 8만 5,000달러 정도였으니, 지금으로 따지면 서울의 그럴듯한 오피스텔 방 한 칸을 살 수 있을 만큼의 금액이라고 생각하면 될 것이다. 무엇보다 무역의 '무' 자도 모르던 내가 먹고살기 위해 어쩔 수 없이 해야 했던 방문 판매 중 만난 인연 덕분에 첫 거래를 성공적으로 완수했다는 사실이 믿기지 않았다.

그날 밤은 예전과는 다른 이유로 도통 잠을 이루지 못했다. 혹여나 잃어버릴까 베개 밑에 고이 숨겨놓은 수표를 수십 수백 번 꺼내서 보고 또 보느라 밤을 하얗게 지새웠다. 도저히 잠이 오지 않아 산책이라도 할 요량으로 방문을 나서자 환한 햇살이 두 눈 가득 날아와 박혔다. 해가 중천에 뜬 것도 모르고 밤을 꼬박 새웠지만 기쁨에 겨워서인지 몸은 피곤한 줄 몰랐다.

내가 자살을 시도했던 온타리오 호숫가를 걷는 도중 그간의 캐나다 생활이 주마등처럼 스쳐 지나갔다. 아이스하키의 꿈을 이루기 위해 캐나다에 온 첫날의 설렘, 생존을 위한 발버둥과 수많은 실패로 인한 힘겨움, 꿈을 포기해야 했던 좌절감, 소중한 인연이 만들어준 새로운 기회 등, 뭐가 그리 재미있었는지 혼자 피식피식 웃으며 지난 시간을 회상했다.

무엇보다 첫 행보를 성공적으로 마친 것은 내가 잃어버린 자신감을 되찾는 계기가 됐다. 물건 몇 개만 팔아도 기뻐하던 내가 3,000개의 상품, 그것도 한국 상품을 캐나다에 판매했다는 사실에 한국인이란 자부심이 하늘을 찌를 정도였다.

'그래, 내 운명은 결국 이것이다.'

꿈과 좌절, 부끄러운 과거가 한데 녹아 있는 온타리오 호수에서 나는 내 진정한 목표와 사명이 무역인임을 명확하게 확인했다. 목표가 확실해지니 삶을 대하는 태도까지 달라졌다. 그동안은 누군가에게 고용되어 그저 기계적으로 일을 하며 일정 급여를 받았을 뿐이지만, 내가 하는 만큼 수입이 창출되는 '내 일'에 임하게 되면서 더 열심히 일해야만 하는 이유가 생긴 것이었다. 오직 한국 제품만을 취급하겠다는 기준을 정한 것도 바로 이때다.

당장 다음 날부터 나는 토론토는 물론 다른 지역까지 돌아다니며 시장조사에 나섰다. 각 지역의 백화점과 대형 슈퍼마켓, 각종 소규모 매장까지 돌아다니며 시장의 흐름을 나름대로 파악해나갔다. 하지만 새로운 아이템을 선정하는 일은 매우 어려웠다. 내가 캐나다인이 아니었기에 그들이 어떤 제품을 선호하는지 도통 감이 오지 않았던 것이다. 지금처럼 인터넷이 발달한 시대가 아니었기에 제품의 사진을 보여주면서 설명할 수도 없었다.

시간은 하염없이 흘러갔고, 덩달아 내 마음도 초조해지기 시작했다. 그러던 중 첫 거래를 했던 E백화점에서 연락이 왔다. 목공예품 3,000개를 납품한 지 두 달 만에 제품이 모두 팔렸으니 3,000개를 추가로 납품해달라는 내용이었다. 동양적인 느낌이 강했던 목공예품의 호응이 좋아 또다시 3,000개의 납품을 요청한 것이었다.

나는 뛸 듯이 기뻤다. 마침 없는 돈을 털어서라도 한국에 건너가 직접 눈으로 상품을 확인하고 샘플을 구입해야 하나 고민하던 차였다. 물론 S물산에 전화로 추가 납품을 부탁할 수도 있었지만 나는 두 발 전진을 위한 한 발 후퇴를 선택했다.

다시 한 번 헤드바이어를 만나 계약서를 작성한 나는 곧바로 한국행 비행기에 올랐다. 이번에도 역시 기간은 빡빡했지만, 사전에 S물산과 이미 조율을 마친 터였다. 겨우 두 번째였지만 제법 능수능란하게 일을 처리한 걸 보면 나에게 '공부머리'는 없어도 어느 정도 '일머리'는 있었던 듯싶다.

또 한 번 꼬박 40시간 넘게 비행기를 타고 한국을 찾아온 나는 S물산을 찾아가 계약부터 마무리를 지었다. 약 3~4주가량 시간이 걸린다는 말을 들은 나는 최종 납품 날짜에 다시 만나기로 약속한 후 곧장 남대문 시장으로 향했다.

내가 어린 시절을 보낸 동네이자 놀이터였던 남대문 시장은 예전에 전국의 모든 상품이 모인다고 할 정도로 호황을 누리던 국내 최고의 상권이었다. 시대의 변화에 밀려 지금은 다소 주춤한 것이 사실이지만, 영리무역의 성장에 가장 큰 도움을 준 최고의 파트너가 바로 남대문 시장이었음은 분명하다.

오랜만에 돌아온 남대문 시장의 모습은 퍽 달라져 있었다. 좌판이 주를 이루던 너저분한 모습은 많이 사라지고 근사한 건물들이 속속 들어서 있었다. 이곳저곳 시장을 구경하는 와중에도 나의 신경은 온통 새로운 아이템 발굴에 집중돼 있었다.

한참 동안 시장 구석구석을 누비던 나의 눈을 확 잡아끈 것은 '놋쇠요강'이었다. 순간 나의 머릿속에서 '바로 저거다!'라는 소리가 울려 퍼졌다. 캐나다에서는 절대 볼 수 없는 것은 물론 금속으로 만들어 제품 파손의 우려가 적고, 반짝반짝한 금색 빛깔 덕분에 고급스러운 물건으로 보였던 것이다.

그 짧은 순간 내가 떠올린 것은 '원효대사 해골물'이었다. 원효대사가 평생 마신 물 중 가장 맛있었던 물이 바로 어두운 동굴 속에서 찾은 해골바가지에 고인 물이었던 것처럼 내가 포장하기에 따라서 놋쇠요강은 이른바 이동식 변기가 아닌, '고급스러운 캔디박스'가 될 수 있다고 생각했던 것이다.

캐나다에서는 집 현관에 소위 캔디박스(사탕이나 초콜릿 등 가벼운 간식을 담는 상자)를 놓는 경우가 많다. 아이들이 오며가며 간식으로 먹거나, 혹여 당뇨가 있는 가족이 발작을 일으키면 응급처치를 하기 위해서다. 참고로 당뇨병 환자가 여러 가지 이유로 혈당 수치가 낮아져 발작을 일으키면 사탕이나 초콜릿 같은 것으로 당분을 보충해 응급처치를 하곤 한다. 놋쇠요강을 본 순간 나는 현관에 놓인 고급스러운 캔디박스를 상상했다.

분명히 말하건대, 놋쇠요강 에피소드는 '절대 따라 하지 말아야 하는 행동'임을 밝힌다. 당시 나는 놋쇠요강을 캔디박스로 속여 파는 것이 꽤나 그럴듯한 '상술'이라고 여겼던 듯하다. 하지만 내가 무역인으로서 세운 진정한 상술의 정의는 '거짓이나 기망으로 상대방에게 손해를 끼치지 않는다는 전제를 충족시키는 모든 장사의 기술'이다. 내가 당시 놋쇠요강을 캔디박스로

속인 행동은 자칫 그간 어렵게 쌓은 신뢰를 송두리째 잃어버릴 수도 있는 아주 어리석은 선택이었다.

물론 구입한 사람에 따라 놋쇠요강도 얼마든지 캔디박스로 사용할 수 있다. 처음에는 수건으로 만든 제품일지라도 그것을 구입한 소비자가 행주나 걸레로 사용하면 그만이다. 누군가 "이건 한국인이 대소변을 볼 때 쓰는 이동식 변기야"라고 말해주지 않는다면 그것을 구입한 이는 평생 놋쇠요강을 캔디박스라고 믿을 것이다. 하지만 가장 중요한 것은 결국 나 자신이었다. 나 스스로가 그것이 놋쇠요강인 걸 알았기 때문에 떳떳하지 못했던 것이다. 평생 놋쇠요강으로 인해 고객의 컴플레인이 들어온 적은 없지만, 그럼에도 불구하고 놋쇠요강은 나에게 여전히 아픈 손가락으로 남아 있다.

그때만 해도 이러한 상도의를 몰랐던 나는 새로운 아이템을 발굴했다는 기쁨에 취해 있었다. 즉석에서 흥정한 놋쇠요강의 가격은 개당 2,800원. 내친김에 해당 업자에게 개당 3,000원을 줄 테니 가능한 한 많은 놋쇠요강을 모아달라는 요청까지 했다.

목공예품보다 훨씬 비싼 놋쇠요강을 팔 생각에 들뜬 나에게 시간은 너무도 더디게 흘러갔다. 빨리 캐나다로 돌아가 납품을 마치고 돈을 받고 싶다는 생각뿐이었다. 어리석긴! 떡 줄 사람은 생각지도 않는데 김칫국부터 마신 꼴이었다.

3주 뒤, 목공예품 3,000개와 그간 최대한 끌어모은 놋쇠요강

850개를 20피트 컨테이너에 싣고 캐나다로 향했다. 이 중 목공예품 3,000개는 곧바로 E백화점에 납품을 마치고 다시 3,000달러를 대금으로 받았다. 하지만 놋쇠요강이 문제였다. 한국에서는 금덩이처럼 번쩍번쩍 빛나 보였던 요강이 탁한 색깔을 띠었던 것이다. 재산의 절반 이상을 쏟아부은 놋쇠요강을 그대로 잃을 수는 없었다. 하숙집 뒤편에 요강 850개를 ㄷ자 모양으로 쌓은 나는 매일 물로 놋쇠요강을 닦았다. 그런데 아무리 열심히 닦아도 도무지 광택이 돌아오지 않았다. 미치고 팔짝 뛸 노릇이 아닌가. 나중에는 하필 놋쇠요강을 선택한 나 자신이 한심하게 느껴질 정도였다.

그렇게 며칠 동안 하숙집 뒤편에서 놋쇠요강과 씨름하던 나에게 구원의 손길을 내민 건 하숙집 주인 할아버지였다. 매일 아침부터 밤까지 어두컴컴한 건물 뒤에 틀어박혀 있는 내가 대체 뭘 하는지 궁금했던 할아버지가 직접 찾아온 것이었다.

나의 설명을 들은 할아버지는 껄껄 웃으며 종이에 어떤 제품의 이름을 써줬다. 금속 제품에 광택을 내는 데 쓰는 것이라는 설명도 곁들였다. 나는 종이를 들고 잰걸음으로 근처 슈퍼마켓을 찾았다. 시험 삼아 사용할 요량으로 두 개만 구입해 다시 하숙집으로 돌아온 나는 다시 한 번 열심히 요강을 닦고 또 닦았다. 그러자 놀랍게도 요강은 다시금 광채를 되찾았다. 아예 거울 대신 써도 될 만큼 얼굴이 비칠 정도로 꽝이 났다. 신이 난 나는 하루 수십 개씩 요강을 닦으면서도 힘든 줄 몰랐다. 그렇게 850개의 요강을 모두 닦기까지 꼬박 2주일이 걸렸다.

눈부시게 빛나는 850개의 요강이 죽 늘어선 모습은 나름대로 장관이었다. 집주인 할아버지도 그제야 궁금증이 일었는지 나에게 "무엇에 쓰는 물건인고?"라고 질문을 던졌다.

할아버지의 말에 나는 내심 좋은 기회라는 생각이 들었다. 그 역시 캐나다 토론토 토박이였기에 고객의 의견을 간접적으로나마 들을 수 있을 것이라고 판단했다.

"이건 한국에서 갖고 온 고급 캔디박스입니다."

이미 집에서 캔디박스를 사용하던 할아버지는 즉각 관심을 보였다. 상품을 꼼꼼히 확인한 후 아예 자신에게 팔라고 요청하기도 했다. 이러한 할아버지의 반응에 나는 놋쇠요강이 '돈이 된다'는 확신을 갖게 됐다. 물론 단 한 명의 의견을 들었을 뿐이지만, 충분한 수요가 있을 것으로 예상되었던 것이다.

나는 감사의 뜻으로 그에게 놋쇠요강을 하나 선물했다. 한편으로는 3,000원 안팎의 놋쇠요강으로 그의 신뢰를 얻겠다는 의도도 숨겨져 있었다. 돌이켜 생각해보면 나는 항상 누군가에게 좋은 인상으로 남길 바라고, 또 그러기 위해 노력해온 것 같다. "적을 만들지 않아야 한다"는 나의 신념이 오랜 습관으로 굳어지게 된 계기였던 셈이다.

그날 밤, 깨끗하게 닦은 놋쇠요강을 손에 쥐고 나는 또 다른 고민에 빠졌다. 목공예품과 같이 저렴한 가격의 제품이 아닌, '고급 캔디박스'를 지향하는 만큼 포장 역시 그럴듯해야 한다는 생각에서였다. 시중에 나와 있는 여러 가지 형태의 박스를 살펴 봤지만 정작 마음에 드는 건 너무 비싸 선뜻 선택하지 못했다.

한참을 고민하던 나는 결국 가장 비싼 12달러짜리 박스를 선택했다. 심지어 개당 4달러짜리 밍크 깔개를 구입해 박스 아래에 깔고 그 위에 놋쇠요강을 올린 후 포장을 했다. 밍크 깔개를 깐 고급 박스에 번쩍이는 놋쇠요강이 들어가니 제법 고가의 제품처럼 보였다.

허름한 종이 상자에 포장하든 비싼 고급 상자에 포장하든, 그 속에 있는 제품의 본질은 변하지 않는다. 덜렁 놋쇠요강 하나만 들고 가도 내가 팔고자 하는 제품은 똑같다. 하지만 고객의 입장에서는 모든 제품이 개별적인 독립성을 가진다. 예컨대 좌판 위에 놋쇠요강만 덩그러니 놔두고 판매한다면 그 제품은 보급형 캔디박스에 불과하지만, 멋스럽게 포장한 후 백화점 매대에 놓이는 순간 고급 캔디박스로 변하는 식이다.

물론 이와 같은 일련의 행위가 무조건 '옳다'는 것은 아니다. 하지만 고객이 상품을 저렴하게 구입할 권리가 있듯, 판매자 입장에서는 조금이라도 더 비싸게 팔고 싶은 마음이 있을 수밖에 없다. 아예 품질이 나쁜 상품을 속여서 판매하는 건 분명한 잘못이지만, 자신의 상품을 좀 더 그럴싸하게 포장하려는 노력은 너무나 당연한 일이다.

　모든 준비가 끝난 후 나는 정식으로 바이어와의 미팅을 진행했다. 백화점 측의 요청으로 목공예품을 납품한 계약과 달리 이번 건은 역으로 내가 상품의 입고를 권하는 형태였다. 다시 말하면 백화점 측에서 매입을 거절하면 나는 큰 손해를 떠안을 수밖에 없는 구조였던 것이다.

　하루에도 수많은 납품 희망자가 백화점을 찾아오는 게 일상이었던 바이어는 시큰둥한 표정으로 나를 맞이했다. 인사조차 제대로 오가지 않은 상황에서 대뜸 상품부터 꺼내라는 재촉이 날아들었다. 역시 세일즈, 나아가 무역의 세계를 헤쳐나가는 것은 만만치 않은 일이었다. 하지만 수많은 제품을 취급하는 베테랑 바이어조차 처음 보는 놋쇠요강을 꺼내자마자 시큰둥한 표정은 사라지고 급격히 관심을 보였다. 바이어가 서둘러 맨손으로 놋쇠요강을 상자에서 꺼내려는 순간, 나는 크게 당황한 척하며 이를 말렸다.

　"이건 고가의 상품이기 때문에 맨손으로 만지면 안 됩니다."

　나는 미리 준비해간 장갑을 끼고 마치 명품을 다루듯 조심스러운 손놀림으로 요강을 꺼냈다. 나의 이러한 행동은 모두 '이 상품은 고가의 고급 제품이다'라는 명제를 뒷받침하기 위한 과정이었다.

　나의 생각은 어느 정도 맞아떨어졌다. 처음에는 다소 고압적

오직 한국 상품만으로 수출 1억 달러를 달성한 이영현 회장은 명실공히 대한민국 대표 거상으로 인정받는다.

인 자세를 취하던 바이어가 어느새 나의 말을 경청하는 분위기로 뒤바뀐 것이었다. 나는 마치 아카데미상을 노리는 명배우처럼 그럴듯한 연기를 이어갔다. 나의 입을 거치자 한국에서는 흔하디흔한 놋쇠요강이 동양에서 부자들만 쓰는 캔디박스로 둔갑한 것이었다. 마지막으로 장인이 일일이 수작업으로 만들었다는 말을 덧붙이자 바이어는 그 자리에서 계약을 제안했다. 그것도 850개 모두 매입하겠다는 조건이었다. 약간의 조율을 거친 후 정한 납품가는 개당 189달러였다. 지금과는 환율이 달라 정확한 수치는 알 수 없지만 제법 많은 수익을 올렸음은 분명하다.

오롯이 스스로의 노력으로 납품 계약을 따냈다는 기쁨도 잠시, 그날 밤 나는 또 잠을 이루지 못했다. 내일 당장이라도 바이어가 "이건 캔디박스가 아니라 이동식 변기가 아니냐!"고 호통을 치며 계약을 파기할 것 같았기 때문이다. 하지만 다음 날 850개의 놋쇠요강을 납품할 때까지 그런 일은 생기지 않았다. 내심 안도의 한숨을 내쉬었지만, 손에 받아든 수표는 나를 부끄럽게 만들었다.

그날 집으로 돌아오는 길은 평소보다 더 길고 힘들게 느껴졌다.

'어떻게든 수익을 올려야 하는 게 회사의 목표라지만 이렇게 돈을 벌어서는 안 돼.'

무엇보다 영리무역은 대한민국의 이름을 내건 상품만을 판매한다는 사실이 문제였다. 혹여 나 개인의 잘못으로 내가 사랑하는 조국에 대해 부정적인 이미지가 생길 수도 있는 것이었다. 그날 나는 방 한쪽에 걸린 태극기에 두 번째 문장을 썼다.

'영현아, 정직하게 살자.'

과정이 다소 매끄럽지는 않았지만, 그 거래를 통해 나는 무역인으로서 제법 단단한 초석을 닦을 수 있었다. 목공예품 3,000개를 납품하고서 받은 3,000달러짜리 수표는 30년 후에 1억 달러짜리 수표로 성장했다. 무역회사로서는 상징적인 연매출 1억 달러를 달성한 영리무역의 시작은 작은 목공예품 3,000개였던 셈이다.

3부

I love my country, Korea

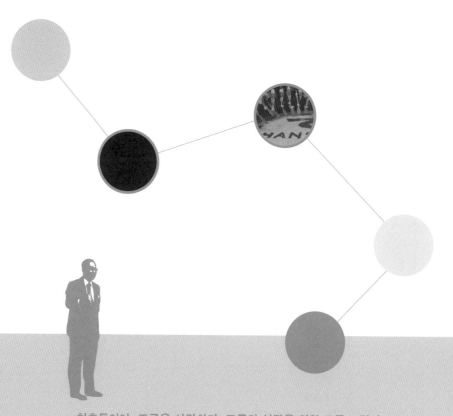

청춘들이여, 조국을 사랑하라. 조국의 성장을 위한 모든 노력이

곧 자신의 발전으로 되돌아온다는 사실을 명심해야 한다.

조국 없이는 나도 있을 수 없다.

조국에 대한 사랑은 아무리 반복해 강조해도 부족하다.

내가 지극히 고루한 조국 사랑을 두 번, 세 번 언급하는 이유다.

캐나다 한복판에
태극기를 꽂다

무역인의 삶은 고달프다. 오늘을 살아가는 와중에도 내일을 생각해야 하는 숙명을 안고 있는 것이다. 항상 무언가 새로운 상품을 발굴해야 하고, 국내가 아닌 세계 각 나라의 시장 흐름을 파악해야 하기 때문에 평생 시간과의 싸움을 이어가야 한다. 치열한 고민을 거친 후 확신을 갖고 선택한 상품일지라도 고객의 평가가 좋지 않으면 큰 손해를 떠안아야 하는 것도 그리 달갑지 않은 일이다. 늘 자신의 가치를 증명해야 하는 무역인으로 산다는 것은 그래서 참으로 힘겹다.

몇 번의 거래로 꽤 큰 자금을 손에 쥔 나는 새로운 아이템을 찾기 위해 또다시 한국을 방문했다. 이번에는 캐나다에서 구입한 제법 고가의 선물을 들고 위풍당당하게 본가를 찾았다. 본격적인 금의환향은 아닐지라도 항상 당신의 아들을 걱정하시던 부모님께 작게나마 위안이 되길 바라는 마음이었다.

모처럼 어머니가 차려주신 집밥으로 에너지를 채운 후 나는 매일 남대문 시장에 출근 도장을 찍었다. 남대문 시장은 몇 년 전과 또 달라져 있었다. 아니, 정확하게 말하면 시장을 바라보는 나의 눈이 달라졌다. 과거에는 그저 상품의 품질만을 확인하는 데 그쳤다면, 이제는 어떤 상품을 어떻게 팔아야 할지 대략적인 구상이 세워질 만큼 일상에서조차 무역인의 삶에 익숙해졌던 것이다. 그렇게 모든 물건이 돈으로 보이는 기분 좋은 착각에 빠진 채 며칠에 걸쳐 시장 이곳저곳을 돌아보며 상품을 추려나갔다.

내가 최종적으로 선택한 상품은 '나무 빨래판'이었다. 물론 캐나다에서는 빨래를 할 때 나무판을 사용하지 않았다. 그럼에도 불구하고 내가 나무 빨래판을 선택한 이유는 당시 수공예품을 장식으로 사용하는 게 유행하고 있었기 때문이다. 쉽게 말해 나무 빨래판을 수공예 장식품으로 팔 생각이었다. 실제로 나무마다 결이 다른 까닭에 대량으로 생산한 빨래판이라고 하더라도 각각 문양이 달라 공산품과 수공예품 중간쯤에 위치해 있었다. 게다가 그때만 하더라도 빨래판 줄무늬를 손으로 직접 파내는 게 일반적이었기에 삐뚤삐뚤하게 줄이 늘어서 있곤 했는데 오히려 그게 예술적인 요소로 작용했던 것이다.

다만 이번에는 놋쇠요강 거래 건과는 분명히 달랐다. 나는 가장 먼저 바이어에게 해당 상품의 원래 용도를 정확히 설명했다. 그러고 난 후 "물론 이 물건은 빨래판이지만 현재 판매되는 수공예 장식품과 다르지 않다"고 말했다. 바이어는 다시금 빨래판을 지그시 쳐다보며 "분명 예술적인 가치가 있다"고 평가했다.

원가 2달러(당시 환율로 600원)에 들여온 3,500개의 빨래판은 그렇게 수공예 장식품으로 개당 69달러에 모두 판매됐다. 물론 원가는 그 누구에게도 공개하지 않았다. 예상보다 많은 수익을 올린 것도 반가웠지만, 무엇보다 한국 상품을 캐나다인들에게 판매했다는 자부심이야말로 나에게는 가장 큰 수확이었다. 이후 나는 한국 상품에 대한 애정에 자신감까지 더해져 본격적으로 무역을 시작할 수 있었다.

세 번째 아이템을 찾아 다시 한국을 방문하게 된 나는 이번에는 기간을 특정하지 않았다. '한국'이란 주제로 무역을 하게 된 만큼 그간 남대문 시장에 국한됐던 시장조사를 전국으로 확대하기로 결정한 상태였다.

마침 내가 한국을 찾으면 주로 묵었던 호텔 옆에는 토산품 상점들이 줄지어 들어서 있었다. 숙소에 짐을 풀고 그동안 많은 도움을 받았던 S물산 대리와 다른 직원들에게 감사 인사와 함께 식사를 대접했다. 무역도 결국 사람이 주체이기 때문에 평소 지속적인 관계 유지는 반드시 필요했다.

모처럼 회포를 풀고 난 이튿날부터 반쯤은 휴가 삼아 느긋한 마음가짐으로 시장조사에 나섰다. 토산품 상점가를 비롯해 남대문 시장과 인근 시장 등을 돌아다니며 새로운 상품 확보에 나선 것이었다.

다양한 물품을 둘러보던 나의 발길이 머문 곳은 대나무 상품을 전문적으로 판매하는 상점이었다. 그곳에는 대나무를 깎아 만든 수많은 상품들이 즐비하게 전시되어 있었다. 나는 주인에게 이것저것 질문을 던지며 품질을 살폈다. 각양각색의 작품 중 내가 최종적으로 선택한 것은 대나무로 만든 머리핀이었다. 대나무 머리핀은 개당 10센트(30원)였다. 나의 머릿속에서는 이미 1달러란 최종 납품가까지 계산을 마친 터였다.

최종적으로 상품을 정한 나는 주인에게 납품 가능한 수량을 문의했다. 하지만 그 역시 담양의 한 업체에서 공급을 받는 처지였기에 직접적인 납품은 어렵다는 대답이 돌아왔다. 결국 내가 직접 담양에서 답을 찾아야 했다.

담양으로 출발하기 전, 나는 캐나다 백화점 바이어에게 전화를 걸어 새롭게 발굴한 아이템에 대해 설명을 했다. 물론 실제 샘플을 갖고 서로 의견을 교환한 후 거래를 진행해야 하지만, 물리적인 여건상 구두 설명을 통해 1차 소율을 마칠 수밖에 없었다. 이 같은 일이 가능했던 것은 기본적인 신뢰 관계가 형성된 후였기 때문이다. 또한 내가 납품한 한국 상품이 캐나다에서 호평을 받으며 꽤 높은 수익률(189달러에 납품한 놋쇠요강을 350달러에 팔았다)을 기록하고 있었기에 바이어 측에서도 한국 관련 부서에 힘을 실어주던 상황이었다. 즉, 한국 상품을 전문적으로 취급하는 나의 입김이 제법 힘을 발휘한 것이었다.

여러 이유가 복합적으로 맞물린 덕분에 나는 간단한 구두 설명만으로도 긍정적인 답변을 얻을 수 있었다. 바이어는 내게 "최대한 많은 물량을 확보하면 좋겠다"는 의견을 전했다. 이제 남은 일은 물량을 확보하는 것뿐이었다.

몇 년 전 옛 추억을 좇아 담양을 다녀온 적이 있다. 그리 급하게 차를 몰지 않았는데도 불구하고 서울에서 담양까지 세 시간 조금 넘게 걸렸다. 과거 대나무 머리핀을 구입하기 위해 담양으로 가는 데 열한 시간이 걸렸던 것에 비하면 교통이 상당히 좋아진 것이었다. 하지만 그때는 돈을 번다는 생각에 꼬박 한나절이 걸리는 오랜 이동 시간도 기껍게 받아들였다.

정작 문제는 담양에 도착한 후에 터졌다. 지금은 많은 발전을 이뤘지만 당시만 해도 담양은 전형적인 시골 마을의 형태를 띠고 있었다. 모든 생필품은 5일에 한 번씩 열리는 '담양오일장(담양장)'에서 구입해야 할 정도로 별도의 상권이 존재하지 않았다. 그리고 하필이면 내가 담양을 방문하기 바로 전날 오일장이 섰다. 당연히 서울의 남대문 시장과 같을 거라 생각했던 나의 예상이 빗나간 것이었다. 어떤 일이든 철저히 준비하겠다는 나의 다짐을 지키지 못한 대가는 혹독했다. 다시 열두 시간 가까이 차와 기차를 타고 서울로 가는 것은 엄두가 나지 않았다. 결국 해가 지면 불빛 한 점 없는 담양의 한 허름한 여인숙에서 4일을 보내기로 했다.

당시 담양에서의 4일은 역설적이게도 나의 인생을 천천히 되돌아보고 앞으로 나아갈 방향을 정하는 소중한 시간이 됐다. 때로는 스스로 세운 목표를 이루기 위해, 때로는 생존을 향한 절박함으로 평생 쫓기듯 치열하게 살아왔던 나에게는 실로 오랜만에 갖는 사색의 시간이었다. 어두컴컴한 여인숙 방에서 나는 생각이 꼬리에 꼬리를 물며 오랫동안 명상에 빠져들었다. 머릿속의 생각만으로는 뭔가 부족하다 싶어 한 시간 넘게 걸어 담양읍내(당시에는 담양읍이었다)까지 나가 종이와 연필을 구입해왔다. 나 자신과 필담을 나누기 위해서였다.

종이를 펼친 나는 악필이나마 연필을 꾹꾹 눌러가며 내게 질문을 던졌다. "너는 한국에 왜 왔니?", "너에게 무역은 어떤 의미니?", "어떻게 성공할 거니?" 등 수백 가지 질문을 적은 후 입으로 소리를 내가며 이에 답했다.

식사 시간과 수면 시간을 제외하고 하루 종일 자신과의 문답에 빠져 있다 보니 4일 뒤에는 수십 장의 종이에 글자가 빽빽하게 들어서 있었다. 이전에도, 이후로도 이날처럼 나의 가장 깊숙한 내면까지 되돌아본 적은 없었다.

담양에서의 경험은 캐나다 유학 3개월째에 겪었던 '파리와의 만남'을 떠올리게 했다. 그저 꿈 하나 달랑 들고 연고도 없는 캐나다로 건너온 지 3개월째로 접어들었을 때 나는 돈도, 영어도 모든 게 부족하기만 한 생활에 나날이 지쳐가고 있었다. 그러던 중 그동안 무리를 한 탓인지 어느 날은 도저히 몸을 일으킬 수조차 없을 만큼 심한 몸살에 시달렸다. 3개월 만에 강제 휴식을 가질 수밖에 없었다. 그때까지만 해도 몸이 조금 아프다고 일을 쉴 수 있을 만큼 넉넉한 생활이 아니었기에 다소 무리를 했던 게 결국 탈이 난 모양새였다. 평소라면 당연히 일을 나가야 했지만 그날은 숨 쉬는 것마저 힘들 정도로 온몸이 마치 몽둥이로 두들겨 맞은 것마냥 욱신거렸다.

3개월 만에 찾아온 휴일이었지만 하루 종일 집에 누워 있는 것도 고역이었다. "밤이 길면 꿈이 많다"는 말마따나 가만히 누워 있자니 이런저런 안 좋은 생각들이 꼬리에 꼬리를 물고 떠올랐다. 그렇게 몸도 가누기 힘들 만큼 심한 몸살에 시달리던 와중에 신경을 자극하는 묘한 소리가 귓가를 맴돌았다. 언제부터 있었는지 모를 파리 한 마리가 내 눈앞을 날아다녔다. 몸이 아픈 탓이었을까. 처음에는 그냥 귀찮기만 했던 파리의 날갯짓이 어느새 정겹게 느껴졌다. 자신보다 수만 배 큰 사람도 무서워하지 않고 내 몸 위에 앉아 있는 파리의 모습을 보고 있자니 친구처럼 느껴지기까지 했다. 아마 몸이 너무 아파서 내가 잠시 제정신이 아니었던 모양이다.

내친걸음에 나는 아예 파리와 대화를 시작했다. 반쯤은 우스갯소리시만 그 파리야말로 캐나다에 와서 내가 처음으로 사귄 친구였다. 실상은 대화가 아닌 나의 일방적인 하소연이었지만, 그래도 벽이 아닌 살아 있는 생물에게 이야기를 한다는 것만으로도 퍽이나 즐거웠던 듯하다.

돌이켜 생각해보면 그것은 대화가 아닌 나 자신에게 하는 말이었다. 수년 뒤 담양에서처럼 파리를 종이 삼아 나 스스로에게 질문을 던진 것이었다. "캐나다에는 왜 왔니?", "캐나다에서 이루고 싶은 게 뭐야?", "앞으로 어떤 사람이 될 거야?" 등 나는 몇 시간 동안 자문자답을 거듭했다.

연고 하나 없는 타국에서의 생활이 녹록할 리가 만무했다. 하루에도 수백 번씩 포기하고 싶었지만 그 속에서도 삶의 의미를 찾기 위해 노력했다. 어떤 문제에 부딪히면 자문자답을 통해 나 자신에게서 문제를 찾으려 했고 이를 고쳐나갔다. 아이러니하지만 이름도 없는 파리와의 대화를 통해 모든 문제의 시작과 끝이 나 스스로에게 있다는 것을 깨달은 덕분이다.

사실 자신을 제3지의 입장에서 바라보는 경험은 썩 유쾌하지만은 않았다. 솔직히 말하면 그간의 잘못이나 부끄러운 기억들이 떠올라 자존감이 상당히 낮아질 정도였다. 하지만 나는 캐나다에서 만난 파리와 담양에서의 4일을 통해 나 자신의 부족한 부분을 깨닫게 됨으로써 좀 더 나은 사람으로 거듭나는 발판을 마련할 수 있었다.

앞서 말한 대로 자신을 속이기는 쉽다. 하지만 최대한 객관적인 시각(물론 어느 정도 주관적인 생각이 들어가겠지만)으로 자신의 미흡한 점을 인정하고 이를 보완하려는 노력이 없다면 지금보다 발전된 미래를 기대할 수는 없을 것이다.

아직도 나 자신은 내가 가장 잘 안다고 생각하는가? 단 한 시간만이라도 좋으니 오늘 자신과의 대화를 시도해보라. 아마 세상에서 가장 낯선 이를 만나게 될 것이다. 소크라테스가 "너 자신을 알라"고 했던가. 물론 정확히 나의 말과 뜻이 통하지는 않겠지만 소크라테스 역시 자기 자신과 그 근본에 대한 깊은 고찰을 강조했다는 사실은 분명하다.

다시 본론으로 돌아와, 담양의 한 허름한 여인숙에서 4일 동안 계속된 자문자답 끝에 내린 나의 결론은 결국 '돈'이었다. 다소 생뚱맞게 들릴지 모르지만 내가 세운 목표는 결국 돈, 즉 경제력과 맞닿아 있음을 새삼 확인한 것이었다.

사람들은 돈을 참 불편하게 여긴다. 내심 돈을 많이 벌고 싶다는 욕망이 있음에도 불구하고 마치 자신은 돈에 초탈한 사람인 척 연기를 한다. 돈을 좇는 자신의 모습을 타인이 부정적인 시각으로 바라보는 게 싫은 까닭이다.

나는 돈이 참 좋다. 칼날 위를 걸으며 늘 나 자신의 가치와 능력을 증명해야 했던, 무역인으로 보낸 40년 세월도 결국 경제적 자유를 누리기 위함이었음을 부정하고 싶지 않다. 나 역시 여러 사람들과 마찬가지로 오직 부를 축적하는 데 혈안이 되어 있었다. 다만 무조건적인 부의 축적에 집중했던 40~50대 시절과 달리 지금 나에게 경제력의 가치는 '나눔' 혹은 '환원'의 의미에 가깝다. 나아가 후배들을 위해 세계 곳곳에서 자비로 강의를 하고, 각종 창구를 통해 사회에 다양한 도움을 주는 환원 활동을 하는 것도 과거에 많은 돈을 벌었기에 가능했다.

돈을 벌고 싶다는 욕망은 부끄러운 게 아니다. 다만 단순히 돈을 버는 데 그치지 않고 한발 더 나아가 '돈을 잘 쓴다'면 많은 이들에게 새로운 기회를 열어줄 수 있을 것이다. "화장은 하는 것보다 지우는 게 더 중요하다"는 유명한 광고 문구처럼 돈 역시 버는 것보다 어떻게 쓰느냐가 더 중요하다는 사실을 기억하길 바란다.

담양으로 내려간 목적이 결국 '돈'이었음을 새삼 깨달은 나는 다음 날 날이 밝자마자 읍내로 향했다. 그간 막연했던 목표가 또렷해지자 새로운 의욕이 솟았다. 보부상이 채 자리를 잡기도 전에 오일장에 도착한 나는 시간이 지나고 하나둘 시장으로 들어오는 이들을 도와주며 정보 수집에 나섰다.

"나는 캐나다를 상대로 무역을 하는 사람인데 대나무 제품이 아주 많이 필요하다."

나의 사정을 들은 상인들은 자신만의 루트를 통해 대나무 제품을 제작, 유통하는 회사를 연결시켜줬다. 이미 "최대한 많은 물량을 확보하라"는 답을 들은 터라 나는 가능한 많은 회사와 거래를 틀 계획이었다.

하루 종일 시장 상인들과 동고동락하다시피 한 나는 다시 숙소로 돌아와 납품처 후보 목록을 정리했다. 교통이 그리 좋지 않던 시절이었기에 담양과 인근에 위치한 대나무 제품 관련 회사를 일일이 방문하는 데에는 꽤 오랜 시간이 걸렸다. 시간이 곧 돈인 나에게 여유는 사치였다. 하루에도 수십 킬로미터의 거리를 오가며 발품을 팔아야 했던 까닭에 숙소로 돌아오면 까무룩 잠에 빠졌지만 부지런을 떤 덕분에 170만 개에 달하는 대나무 머리핀을 확보할 수 있었다.

다시 서울로 올라와 주문한 제품을 수송할 40피트짜리 컨테이너를 계약하고 나름의 시간을 보냈다. 3주쯤 후 물량이 도착하고 캐나다로 떠나던 날, 나는 부푼 가슴을 억누르지 못했다. 170만 개에 달하는 물량을 모두 소진하기까지는 무려 2년이라는 시간이 걸렸다. 다행히 제법 인기가 있는 제품이었던지라 꾸

준하게 납품을 이어갈 수 있었다. 그동안 나는 새로운 거래처와의 파트너십을 체결하는 한편 부지런히 한국을 오가며 벽시계 2만 개, 어항 1만 개 등 새로운 상품을 발굴해 제법 굵직한 계약을 연이어 성사시켰다. 내가 무역인으로서 가장 큰 성장을 이룬 시기이기도 했다.

2년 뒤 대나무 머리핀의 납품을 완료하고 대금을 받은 후 이를 계기로 영리무역의 재정 상태를 확인해보니 꼭 100만 달러가 통장에 찍혀 있었다. 내 나이 서른한 살 때의 일이다. 100만 달러는 나에게 상징적인 숫자였다. '백만장자'라는 말이 있듯 100만 달러는 부자를 가르는 기준점으로 여겨졌던 까닭이다. 무엇보다 이 모든 결과가 오직 한국 제품을 판매해 이뤄낸 것이라는 사실은 내게 더없이 큰 자부심으로 각인됐다. 수많은 사람들이 불가능할 것이라고 고개를 저었던 한국 제품만을 팔겠다는 나의 고집이 결국 불합리한 아집이 아닌, 합리적이고 애국적인 선택이었음을 증명했던 것이다.

그 2년간 많은 일이 있었지만 아무래도 내가 서른 살이 되던 해, 그동안 살았던 하숙집 건물을 통째로 매입했던 순간이 가장 기억에 남는다. 대나무 머리핀 판매가 순항을 이어가는 한편, 지속적인 신상품 발굴과 새로운 거래처 개척으로 점차 회사의 덩치를 키워가던 중 벽시계와 어항의 대량 납품을 통해 나는 제법 큰돈을 손에 쥘 수 있었다.

오래전부터 영리무역의 본사를 마련해야겠다는 생각을 하고 있던 차에 마침 손에 현금이 들어오자 나는 덜컥 하숙집 건물을 매입해버렸다. 사실 투자 등의 다른 목적은 없었다. 그저 캐나다에서 처음 정착한 집을 떠나고 싶지 않은 마음이 컸을 뿐이었다. 익숙한 곳에서 영리무역의 재출범을 기념하고 싶은 마음도 있었을 터다. 나는 하숙집을 대대적으로 리모델링한 후 정식으로 영리무역 본사로 등록했다.

대한민국 촌놈이 캐나다에 태극기를 꽂은 것은 1973년. 무역인으로서 평생 잊을 수 없는 자랑스러운 성과 중 하나다.

여담이지만 그때 내가 매입한 하숙집은 캐나다에서 한국인으로서는 처음으로 매입한 건물이었다. 캐나다에 살던 한인 동포들은 내가 매입한 하숙집을 '한인 건물 1호'라고 불렀다.

조금 쑥스럽지만 훗날 나는 '캐나다판 봉이 김선달', '무역업의 대부', '대한민국 무역 선봉장' 등과 같은 거창한 별명을 얻었다. 수많은 별명 중 내가 가장 좋아하는 별명은 월마트 회장이 붙여준 '미스터 코리아Mr.Korea'다.

지금 캐나다 월마트를 비롯해 씨어스, 베스트바이, 캐나디안 타이어 등에서 판매하고 있는 한국 제품은 모두 나의 손을 거쳤다고 해도 과언이 아니다. 나는 성공과 실패를 반복하며 캐나다에 한국 제품의 우수성을 알리기 위해 노력했고, 그 결과 한국 제품에 대한 인식이 매우 좋아졌다. 이제는 각 분야에서 판매 순위 1, 2위를 다투는 제품도 여럿 있다. 그야말로 격세지감을 느낀다.

나를 비롯해 수많은 후배들의 노력으로 이제 모든 캐나다인들이 한국이란 나라를 잘 알게 됐다. 과거 50여 명에 불과했던 한인 동포의 숫자는 이제 수만 명을 육박할 정도로 늘어났다. 지금도 캐나다에서 대한민국의 위상을 높이고 있는 자랑스러운 동포들에게 응원과 감사의 메시지를 전하고 싶다.

현재 나는 캐나다에서 꽤 많은 건물을 소유하고 있다. 내가 매입한 모든 건물의 중앙에는 당연히 태극기가 걸려 있다. 낯선 캐나다 땅에 하나씩 태극기를 늘려갈 때마다 나의 애국심까지 두터워짐을 느낄 수 있었다.

자신만의 방식으로 애국을 실천한 이영현 회장의 행보는 조국에 대한 의미를 새삼 돌이켜보게 한다.

나는 한반도보다 면적이 86배나 큰 캐나다에 좀 더 많은 한국인들이 정착하길 바라는 마음이 있다. 물론 무조건적인 이민이나 해외 사업을 권유하는 것은 아니지만, 넓은 땅덩이만큼이나 아직 많은 기회가 있다고 생각하기 때문이다. 지난 2017년 11월, 캐나다 정부가 오는 2020년까지 100만 명의 이민자를 수용하겠다는 정책을 발표한 것도 호재로 여겨진다. 혹여 캐나다에서 새로운 도전을 계획하고 있다면 언제든 나를 찾아오길 바란다. 그 어떤 기관이나 단체보다 자세하고 친절한 설명과 실질적인 도움을 아끼지 않을 것이다.

쓸개는 잠시
빼두어도 좋다

빛이 있으면 어둠이 있게 마련이다. 고백컨대 지난 40년
간 나는 그 누구보다 많은 실패를 거듭해왔다. 좀 더 냉
정하게 평가하면 '망하지 않은 게 다행'이라고 여겨질 정
도였다.

내가 가장 처음 겪은 위기는 영리무역이 한창 성장하
고 있던 시기에 일어났다. 제법 굵직한 거래를 성공적
으로 완수한 덕분에 영리무역의 덩치가 눈에 띄게 커지
고 있을 때, 국내 한 스포츠용품 제조회사에 캐나다 국
민 스포츠 중 하나로 손꼽히는 야구에 사용하는 글러브
5,000개를 주문했던 게 화근이었다.

캐나다에서는 겨울에는 아이스하키, 여름에는 야구
를 하며 여가를 보내는 경우가 많기 때문에 글러브에 대

한 수요는 항상 일정 수준을 유지했다. 때문에 질 좋고 저렴한 한국산 글러브라면 승산이 있겠다고 판단했다. 내심 5,000개를 금세 팔고 다시 주문을 넣을 수 있겠다는 기분 좋은 설레발까지 치고 있었다. 하지만 3개월 뒤 도착한 글러브는 나의 모든 계획을 송두리째 부숴버렸다. 5,000개 모두가 '왼손잡이 전용 글러브'였던 것이다. 캐나다 역시 오른손잡이가 절대적으로 높은 비율을 차지한다. 좀 더 냉정하게 표현하면 왼손잡이 전용 글러브는 소위 구색 맞추기식으로 아주 적은 수량만 비치하는 게 일반적이다. 즉, 5,000개의 왼손잡이 전용 글러브는 팔리지 않는 '악성 재고'에 불과했던 것이다.

하도 기가 막혀 나는 그 자리에서 전화를 걸었다. 하지만 며칠 전까지만 해도 통화가 잘 연결되던 회사가 도통 전화를 받지 않는 것이었다. 나는 마침 얼마 뒤 잡혀 있던 한국 출장을 조금 앞당겨 직접 그 회사를 찾아가기로 했다.

서둘러 회사를 찾아갔는데 말 그대로 난장판이 따로 없었다. 모든 창고 문은 열려 있었고, 회사 곳곳에 고철과 쓰레기가 쌓여 있었다. 한창 창고에서 물건을 옮기던 사람을 붙잡고 물어보니 "망했다"는 말이 돌아왔다. 다리에 힘이 쭉 풀린 나는 그 자리에 주저앉아버렸다. 그때까지만 해도 뭔가 착오가 있어 물건을 잘못 보냈을 거라고만 생각했지, 20년 동안 문제없이 운영되던 회사가 부도가 났으리라고는 꿈에도 상상하지 못했던 것이다.

이대로 포기할 수는 없었다. 나는 모든 방법을 동원해 회사 대표를 찾았고, 며칠 뒤 겨우 그를 만날 수 있었다. 하지만 보상이나 최소한 도의적인 사과라도 하리라던 나의 기대는 곧바로 무너졌다. 그의 태도가 너무 뻔뻔했던 것이다.

"회사가 부노나기 직전이어서 그동안 안 팔린 왼손잡이 전용 글러브를 보내고 대금을 받은 것이다."

아니, 해외에서 일부러 국내 상품을 주문해주는 것만으로도 고마운 일이건만, 해외에서 한국을 알리기 위해 불철주야 노력하는 동포에게 사기라니…… 그렇게 양심도 없는 이가 20년 동안 회사를 운영해왔다는 사실이 믿기지 않았다. 하지만 나는 그에게 아무런 조치도 취하지 않았다.

만약 그가 다른 나라 사람이었다면 나 역시 그에 상응하는 법적 절차를 밟아 배상이든 징벌이든 불이익을 주기 위해 노력했을 것이다. 하지만 같은 조국을 가진 한민족이라는 사실이 나의 결심을 흔들었다. 심지어 큰 빚을 지고 도망 다닌다는 사람에게 더 이상 가혹한 벌을 내리고 싶지 않았다. 그저 좋은 경험이라 여기고 내가 오롯이 손해를 떠안기로 했다. 거래처의 현 상황을 제대로 확인하지 않은 내 실수이기도 하다고 여겼다.

나에게 비수를 꽂았던 좋지 않은 거래였지만 이후 나는 제품 품질은 물론 회사 자체를 꼼꼼히 살펴보는 습관이 들었다. 아무리 좋은 제품이라도 회사가 부실하면 무용지물임을 절실히 깨달았기 때문이다.

나의 소중한 시간과 기회를 빼앗아간 '여행용 가방 세트'도 아픈 기억으로 남아 있다. 단, 이 경험은 실패보다는 실수에 가까운 일이었다.

영리무역과 오랫동안 거래를 이어왔던 S백화점에서 2만 개의 여행용 가방 세트를 주문한 것이 그 시작이었다. 백화점 측에서는 크기별로 1~5번까지 구성된 기존의 세트에서 2, 4번을 뺀 1, 3, 5번으로만 이뤄진 제품을 원했다. 가격은 완제품과 똑같이 책정했다. 1~5번이 모두 채워진 세트를 일일이 분해해서 2, 4번을 제외해야 했기에 그에 대한 인건비를 추가한 것이었다. 처음에는 2, 4번을 따로 판매하면 별도의 수익을 올릴 수 있겠다는 생각에 흔쾌히 계약을 진행했다.

여행용 가방 세트 거래에서 내가 저지른 실수는 크게 두 가지다.

첫 번째는 상품의 크기를 제대로 파악하지 못해 많은 추가 운송 비용이 소모됐다는 점이다. 가방을 주문하고 3개월이 지난 어느 날, 경찰이 회사 문을 박차고 들어오며 욕 반, 질책 반의 큰소리를 질렀다. 다짜고짜 창고가 어디냐고 묻기에 잔뜩 겁을 먹고 창고로 쓰는 지하실로 경찰을 안내했다. 그런데 지하실을 본 경찰은 "당신, 지금 제정신이야?"라며 거의 멱살을 잡다시피 해서 나를 밖으로 끌고 나갔다.

'Oh, my god!'

나는 지금도 그때의 황당한 장면을 잊지 못한다. 40피트 컨테이너를 실은 대형 트럭 59대가 회사 앞마당을 가득 채운 건 물론 아예 도로까지 점령해버린 것이었다. 경찰이 부랴부랴 영리무역으로 쳐들어온 이유는 트럭 탓에 발생한 교통 체증 때문이었다.

그길로 나는 경찰차를 타고 트럭들을 온타리오 호수 인근의 공터로 안내했다. 지금 생각해보면 이래저래 나와 온타리오 호수는 *끈끈한* 인연이 있는 듯하다.

이미 해가 진 8시, 나는 59대의 트럭과 함께 호숫가에 버려졌다. 도둑이 훔쳐갈 방법도 없는 마당에 그냥 트럭을 놔두고 집에 가도 됐지만, 내 전 재산이나 다름없는 상품을 내팽개칠 수는 없었다. 밤새 한숨도 못 자고 불침번을 서며 일단 할 수 있는 데까지 2, 4번 가방을 빼기로 했던 것이다.

바로 여기서 두 번째 실수가 문제가 되어 터져나왔다. 나의 두 번째 실수는 급박한 납품 날짜 탓에 직접 상품을 확인하지도 않고 기존의 한국 거래처에 납품을 요청한 것이었다. 당시 우리나라에서 제작한 지퍼는 품질이 좋지 않았다. 지퍼가 뻑뻑해 잘 움직이지 않는 것은 물론 한껏 힘을 줘 지퍼를 다루면 손가락이 집혀 피가 나기 일쑤였다. 예상보다 훨씬 오랜 시간을 들여 겨우 10여 개 정도 작업을 마친 나의 손가락에서도 피가 흘렀다. 20일 안에 납품을 완료해야 하는 상황. 되든 안 되든 일단 도전해보는 게 나의 신조라지만 피가 줄줄 흐르는 손가락을 보자 눈에 뻔히 보이는 불가능에 집착하는 건 그저 멍청한 선택일 뿐이라는 판단이 들었다.

결국 나는 지퍼를 일일이 열고 닫아가며 새롭게 짝을 맞추는 작업에 무려 16일 동안 30명의 인부를 고용해야 했다. 심지어 작업의 어려움을 이유로 일을 그만두려는 인부들을 달래기 위해 추가 급여는 물론 풍족한 식사까지 대접해야 했다.

어디 그뿐인가. 1, 3, 5번 가방만을 재포장한 제품을 겨우 납품하고 난 후 한숨 돌릴 틈도 없이 이번에는 토론토시 청소과 담당자가 나를 찾아왔다. 온타리오 호수 주변에 너저분하게 널려 있는 4만 개의 가방(2, 4번 가방)에 대한 세금을 부과하겠다며 으름장을 놓는 것이었다. 이제 모든 문제가 다 해결됐다고 생각했던 나는 눈앞에 가득한 가방 더미를 보고 차라리 실소를 내뱉고 말았다. 급한 대로 길을 가던 사람들에게 공짜로 나눠주는 것은 물론 우리나라의 소위 '땡처리'처럼 대량으로 싸게 물건을 구입하는 업자에게 거의 무료에 가깝게 가방을 떠넘기기도 했다. 당초 나의 가외 수입이 될 거라는 기분 좋은 예상과 달리 2, 4번 가방은 그냥 짐덩이에 불과했던 것이다.

몇 건의 거래를 성공적으로 이끌었다는 자만심에 취해 기본에 충실하지 않았던 나의 실수가 준 교훈은 뼈아팠다. 하지만 나는 오히려 이 실수를 계기로 다시 한 번 초심을 다질 수 있었다. 예전과 같이 시간과 품이 더 들더라도 모든 제품과 계약을 일일이 확인하고 또 확인하기 시작했다. 이후로는 같은 문제로 손해를 입는 일이 없었으니 더 큰 실수를 막을 수 있었던 소중한 경험이라고 생각된다. 물론 두 번 다시는 경험하고 싶지 않은, 참으로 힘든 시간이었던 것만은 확실하다.

누차 강조하지만 나는 가능하면 평생 실패하지 않는 게 좋다고 생각한다. 실패는 어떤 식으로든 손해가 되기 때문이다. 하지만 사람인 이상 반드시 실수를 하기 마련이고 사업을 하다 보면 종종 실패를 겪게 된다. 실패와 실수가 완벽하게 같은 의미는 아니지만, 일단 실수 혹은 실패를 저질렀다면 거기서 주저앉지 말고 이를 어떻게든 약으로 쓰기 위해 노력해야 한다. 실수나 실패를 한 것도 억울하고 분한데 그냥 그대로 결과를 받아들이면 평생 속이 쓰리지 않겠는가? 실수의 원인과 이유를 면밀히 분석해서 다시는 같은 실수를 반복하지 않음으로써 실패의 횟수를 줄이는 것이야말로 몸에 좋은 약을 스스로 찾아 마시는 것과 같다.

영리무역 역사상 최고의 효자 상품으로 손꼽히는 TV 컨버터(TV 신호를 바꾸는 장치)는 나의 자존심과 자존감의 바닥이 어디인지 확인할 수 있는 계기가 됐다. 1980년 12월 1일, 우리나라에서도 컬러 방송 시대가 본격화되면서 나는 TV 관련 제품에 관심을 갖기 시작했다. 컬러 TV가 새롭게 개발됨에 따라 이와 연계된 시장도 급격한 성장을 거둘 것이라고 예상했기 때문이다. 참고로 우리나라 최초의 컬러 방송은 '수출의 날 기념식'을 중계한 것이었다.

우리나라의 컬러 TV 개발은 나에게 여전히 신선한 충격으로 각인되어 있다. 물론 다른 나라의 기술을 일부 차용했다고는 하지만 일본을 비롯해 일부 선진국만의 전유물로 여겨졌던 컬러 TV를 우리나라에서 볼 수 있을 거라고는 생각지 못했던 것이다. 나는 이를 계기로 앞으로 한국 상품의 질이 한껏 제고될 거라는 기대감에 신바람이 났다. 그리고 실제로 이후 영리무역의 매출도 지속적인 상승곡선을 그렸다. 한국 상품에 대한 평가 역시 긍정적으로 바뀌었음은 물론이다.

내가 가장 먼저 주목한 TV 관련 상품은 채널 이동의 핵심 부품인 컨버터였다. 아이들이 장난을 치거나 부부 싸움을 하다 보면 리모컨이 고장 나는 일이 흔했기 때문에 충분한 수요가 꾸준히 발생할 것이라고 예상했다. 나는 당시 국내에 나온 상품을 대상으로 철저한 품질 검사를 거친 후 최종적으로 한 제품을 선택했다. 일본 기업과의 기술 제휴를 통해 한국에서 개발한 제품이었다. 영리무역의 첫 중개 시장 도전이었다.

무엇보다 힘들었던 건 전자제품의 판매 창구를 새롭게 개척하는 일이었다. 특히 TV 관련 제품의 무역은 처음이었기에 말 그대로 '맨땅에 헤딩 하는 격'이었다. 하지만 나는 오랜만의 어려운 도전에 오히려 신이 나 있었다. 다소 매너리즘에 빠져 있던 나는 다시 한 번 자신을 환기시킬 수 있는 기회라고 생각했다.

내가 샘플 제품을 들고 찾아간 곳은 캐나다에서 1, 2위를 다투는 대형 백화점 캐나디안 타이어였다. 이 기회에 오랫동안 거래를 이어갈 수 있는 튼튼하고 성실한 비즈니스 파트너를 만들겠다는 계산이었다. 참고로 캐나디안 타이어는 캐나다 전역에 500여 개의 매장을 가지고 있으며 가정용품을 비롯해 자동차용품, 스포츠용품, 캠핑장비, 전자제품, 공구 등 다양한 상품을 판매하는 기업이다.

당시 영리무역의 매출이 1,000만 달러 정도였는데, 전국에 판매망을 가진 캐나디안 타이어와 비즈니스 파트너십을 맺는다면 크게 성장할 수 있을 것 같았다. 하지만 캐나다에서 손꼽히는 기업이 이제 막 중견 기업에 진입한 영리무역과 쉽사리 계약을 맺을 리 없었다. 아니나 다를까, 전자제품 담당부서를 찾아갔더니 얼굴조차 제대로 보지 않고 3개월 후에 다시 방문하라며 문전박대를 했다. 아쉬운 놈이 우물을 판다고 했던가. 아니꼽고 서럽지만 아쉬운 건 나였다. 마치 전역을 기다리는 말

년 병장의 심정으로 달력의 날짜를 하루하루 지워가며 다음 방문을 기다렸다.

다음 방문 날짜를 기다리면서 나는 매일 첫 미팅에서 할 말을 연습했다. 바이어에게 믿음을 주기 위해서는 상품에 대한 지식을 완전히 익혀야 했기 때문에 내가 판매하고자 하는 TV 컨버터의 기능과 장점을 완벽하게 숙지했다.

거울을 앞에 두고 수백 차례 사전 프레젠테이션까지 마친 나는 3개월 뒤 바이어를 찾아갔다. 정문에 들어설 때만 해도 이 정도면 충분히 바이어를 설득할 수 있으리라는 자신감에 차 있었다. 하지만 전자제품 담당 바이어는 회의실도 아닌 자신의 자리에서 나를 맞이했다. 명백한 무시였다. 심지어 본격적인 프레젠테이션을 시작하기도 전에 미리 건네준 제품 설명서를 쓱 훑어본 후 "이 상품은 구매하지 않겠다"며 축객령을 내렸다. 3개월 만에 겨우 잡은 기회를 이렇게 놓칠 수는 없었다.

"잠시만 제 이야기를 들어주시기 바랍니다."

간절한 요청에도 불구하고 되돌아온 건 제품 설명서 뭉치였다. 바이어가 책상 너머로 내가 준비한 제품 설명서를 내던진 것이었다. 바닥에 흩어진 종이를 한 장씩 추려 모으는데 나도 모르게 눈물이 뚝뚝 떨어졌다. 행상을 하던 시절부터 수많은 문전박대를 당했기에 어느 정도 내성이 생겼다 자신했는데, 3개월의 시간이 물거품이 된다고 생각하니 세상이 무너지는 느낌이었다.

우는 모습을 들키지 않으려고 최대한 느리게 종이를 줍고 있자 바이어가 자리에서 벌떡 일어났다. '혹시 내 이야기를 들어주려나' 하는 기대도 잠시, 바이어는 아예 한쪽 문을 열어주면서 "빨리 이리로 나가라"며 나의 등을 떠밀었다. 사무실을 나서자마자 다리에 힘이 풀린 나는 눈에 보이는 빈 의자에 털썩 주저앉아 한참을 울먹이고 말았다. 우리나라에서는 아무리 반갑지 않은 손님이라도 칼로 무 자르듯 사람을 냉대하지는 않으리라는 생각에 더욱 서글퍼졌다.

아쉬운 마음에 한참 동안 자리를 뜨지 못하던 중 어느새 퇴근 시간이 됐는지 직원들이 우르르 몰려나왔다. 아무 생각 없이 그들을 보고 있는데 마침 나와 만났던 바이어와 눈이 마주쳤다. 바이어는 짜증이 가득한 얼굴로 나를 바라본 후 다시 한 번 큰 소리로 축객령을 내렸다.

더 이상 버틸 이유가 없어진 나는 터벅터벅 집으로 향했다. 집에 가는 내내 나의 머릿속에는 희망과 설렘, 불안과 초조함이 교차했던 지난 3개월이 떠올랐다. 다른 여러 일도 다 제쳐놓고 오직 이날만을 위해 내 모든 역량을 동원해 최선을 다해 준비했건만 멍석조차 제대로 펼쳐보지 못한 채 접어야 한다는 생각에 온몸에서 피가 빠져나가는 느낌이 들었다. 그날은 밤새 잠을 이루지 못했다. 마치 머리가 하얀 백지장이 된 깃처럼 아무

감정 없이 멍하니 누워 칠흑같이 어두운 천장만 쳐다보며 밤을 지새웠다.

다음 날 해가 떠오르고 버릇처럼 슈트를 차려입은 나는 무의식적으로 캐나디안 타이어로 향했다. 지금 와 생각해보면 전날 문전박대를 당했다는 사실 자체를 '문자 그대로' 기억하지 못했던 듯싶다. 아니, 어쩌면 그렇게 생각해야만 했을지도 모른다. 내가 다시 한 번 캐나디안 타이어에 방문할 명분이 있어야 했기 때문이다. 한편으로는 '내가 팔지 못하는 물건은 없다'는 오기와 자존심이 적절히 버무려진 도전 정신이 나의 발걸음을 캐나디안 타이어로 이끌었다.

사실 꼭 캐나디안 타이어가 비즈니스 파트너여야 할 이유는 없었다. 다만 내가 처음 정한 목표가 바로 캐나디안 타이어였기에 반드시 어느 정도의 성과를 거둬야겠다는 생각이 머릿속에 가득했다. 나의 생각이 좀 더 유연하고 현실적이었다면 다른 거래처를 찾아봤겠지만, 하나에 꽂히면 끝장을 봐야 하는 개인적 성향 때문에 투우사의 카포테(빨간 천)에 달려드는 황소처럼 재차 캐나디안 타이어의 정문을 박차고 들어갔다.

약속도 없이 무작정 사무실을 찾았으니 입구에서부터 제지를 당하는 건 당연했다. 사무실 입구가 보이는 한쪽 구석에 자리를 잡고 하염없이 바이어를 기다린 지 꼬박 반나절, 마침내 사무실에서 나온 바이어에게 큰 소리로 인사를 했지만 그는 캐나다 한겨울의 칼바람처럼 쌩하니 잰걸음으로 나의 앞을 지나가버렸다. 명백한 무시였다. 하지만 내친걸음, 여기서 포기할 수는 없었다. '네가 이기나, 내가 이기나 한번 해보자'는 심정으로 밖에서 약간의 음식과 최소한의 음료수를 구입한 후 아예 자리를 깔고 앉아버렸다. 퇴근 시간이 돼서야 다시 마주친 바이어는 질린 듯한 표정으로 나를 보더니 출구로 달음박질을 쳐버렸다. 그날은 나도 일단 철수를 했다.

사흘째, 단단히 잠복 준비를 마친 나는 다시 캐나디안 타이어로 향했다. 9시 출근 시간에 나를 본 바이어는 화가 잔뜩 난 표정으로 경비원을 불렀다. 나보다 20센티미터 이상 키가 큰 경비원 두 명에게 질질 끌려 나가면서도 "나는 토론토에서 대학을 졸업한 한국 무역인인데 작은 오해가 있어 이를 풀기 위해 바이어를 찾아왔다"고 소리쳤다. 경비원은 내 말을 듣고 다시 바이어에게 이를 확인한 후 쫓아낼 명분이 마땅하지 않은지 마지못해 출입을 허락했다.

주출입구 앞에서 낯선 동양인 남성이 일종의 시위를 한다는 소문은 금세 회사 전체로 퍼졌다. 나흘째에는 몇몇 직원이 다가와 호기심 어린 표정으로 나를 바라보기두 했다. 마치 동물원의 원숭이가 된 듯한 기분에 속에서는 천불이 나고 눈물이 울컥 솟구쳤지만, 목마른 자가 우물을 판다는 심정으로 화를 꾹 참고 기다렸다. 하지만 시간이 흐를수록 오기는 점차 희미해지고 반대로 불안감은 커져갔다. 커져가는 불안감은 결국 나의 자존심과 자만심을 좀먹었고, '내가 불가능한 일에 괜한 고집을 부리는 것 아닌가'라는 자기 비하로까지 이어졌다. 체구는 작지만 자신감과 자부심으로 무장했던 나의 바닥까지 들여다본 시간이었다.

승부의 닷새째, 당연히 캐나디안 타이어로 출근한 나에게 한 직원이 다가와 "사장이 당신을 부른다"는 말을 전했다. 결국 사장에게까지 보고가 들어갔던 것이다. 기회임을 직감한 나는 옷매무새를 단정히 하고 사장실로 향했다. 사장은 "대체 왜 자꾸 우리 회사 정문에서 하루 종일 있느냐"고 질문을 던졌다.

"캐나디안 타이어가 캐나다에서 제일 규모가 크기 때문에 당신 회사와 TV 컨버터를 거래하고 싶어 이렇게 찾아오게 됐다."

당시만 해도 경쟁 회사와 엎치락뒤치락하며 다소 밀리는 추세를 보이던 자신의 회사를 추켜세워주는 나의 말에 마음이 흔들렸는지 사장은 직접 상품을 확인하고 싶다며 샘플을 요구했다. 나는 샘플을 건넨 후 오랫동안 준비했던 프레젠테이션을 진행했다. 이제 잠을 자다가도 옆구리를 쿡 찌르면 자동으로 줄줄 새어나올 정도로 머릿속에 각인된 멘트가 청산유수로 흘러나왔다.

문전박대에도 아랑곳하지 않는 나의 열정, 그럴싸한 설명으로 포장된 제품, 그리고 TV 컨버터를 시작으로 다른 한국산 제품의 거래까지 진행할 수 있다는 점 등 해당 계약에 대한 계산을 마친 캐나디안 타이어 사장은 담당 바이어를 불러 300개의 1차 오더를 지시했다. 당시 바이어의 표정은 참으로 볼 만했다. 반쯤은 질린 듯한 느낌이었고, 또 반쯤은 약간의 존경심이 섞여 있는 것 같은 묘한 표정이었다. 이후 수백만 개의 TV 컨버터를 팔고 나서는 그와 둘도 없는 친구처럼 각별한 사이가 됐으니 무역의 세계에서는 평생의 적도, 평생의 친구도 없다는 말을 실감하게 된 경험이었다.

일단 물꼬를 트자 TV 컨버터는 예상보다 훨씬 빠르게 팔려 나갔다. 제품 생산만 우리나라에서 할 뿐, 기술 자체는 세계적으로 인정을 받는 일본에서 제공받았으니 상대적으로 저렴한 가격과 좋은 품질이 소비자의 입맛에 맞아떨어진 것이었다.

한참 동안 정신없이 주문을 받고 납품을 하던 나에게 어느 날 한국의 S전자에서 전화가 왔다. 자신들이 확보한 TV 컨버터 4만 개가 몽땅 팔렸으니 이제 그만 팔았으면 좋겠다는 내용이었다. 아니, 이게 무슨 귀신 씨나락 까먹는 소리란 말인가? 나의 자존심을 팔아 겨우 뚫은 거래처를 송두리째 버리겠다는 의미였다.

"나는 대한민국 상품이라면 무엇이든, 얼마든지 팔 수 있는 능력이 있으니 믿고 맡겨달라."

캐나디안 타이어 사장을 설득힐 때보나 너 설박한 심정으로

S전자 책임자에게 통사정을 했다. TV 컨버터는 아직 성장 가능성이 무궁무진하고 앞으로도 지속 가능한 수익이 보장되는 튼튼한 시장이라는 판단이 섰기 때문이었다.

마치 영화 〈서편제〉의 주인공처럼 목에서 피를 토하는 듯한 절박함으로 열변을 쏟아낸 나의 노력이 한국에까지 닿았는지 그동안 전문적인 해외 수출 파트가 전무했던 S전자에 아예 해외 수출부가 신설됐다. 물론 그 과정에서 치열한 논의가 있었음은 물론이다. 게다가 파격적으로 나를 해외 수출 부서의 담당자로 임명했다. 캐나다에 있는 외부 인사를 내부 부서의 책임자로 발탁한 것은 극히 드문 일이었다.

'내가 사랑하는 조국에서 손꼽히는 회사가 나를 인정해주는구나.'

아무것도 모르던 천둥벌거숭이가 오직 한국에 대한 사랑으로 무역인의 길을 걸어온 것에 대한 그간의 성과와 역량을 공인받은 느낌이었다.

이후 TV 컨버터의 판매량은 매년 성장을 거듭했고, 20년 가까이 캐나다 내 관련 시장을 석권했다. 덩달아 영리무역 또한 큰 보폭의 발전을 이룬 것은 물론 이를 토대로 1억 달러 매출의 토대를 다질 수 있었다.

만약 내가 당시 캐나디안 타이어에서 처음 문전박대를 당한 후 재도전을 하지 않았다면 현재의 영리무역은 존재하지 않았을지도 모른다. 빠른 계산과 상황 판단으로 과감하게 방향 전환을 하는 것 역시 사업가에게 필요한 능력 중 하나겠지만, 때로는 자신의 모든 것을 내던지는 건곤일척의 승부수를 던질 줄도 알아야 한다는 것을 깨달은 순간이었다.

물론 내가 모든 일에 이렇듯 우격다짐식 물꼬 트기를 하는 것은 아니다. 모든 것이 미흡하기만 했던 초창기 시절, 영리무역의 부족한 부분을 채울 수 있는 것은 오직 나의 땀과 노력뿐이었다.

문전박대가 당연했던 그때, 나는 매일 아침 방문을 나설 때마다 배 속의 쓸개를 꺼내 책상 서랍 한편에 고이 모셔뒀다. 항상 무언가를 팔아야 했던 나에게 자존심으로 가득한 쓸개는 필요 없는 장기였기 때문이다. 물건을 하나라도 더 팔 수 있다면 얼마든지 쓸개까지 덤으로 얹어줄 요량이었던 게 바로 그때 나의 모습이다.

아무런 손해도 보지 않고 오직 이익만을 거둘 수는 없다. 남의 주머니에서 돈을 빼내기 위해서는 자신의 손에 쥐고 있는 것 중에서도 하나를 내놔야 한다. 때로는 당장에는 다소 손해가 되는 거래일지라도 먼 미래의 이익을 기대하며 통 큰 결정을 해야 하는 경우도 있다.

지금 당장의 작은 손해에 너무 집착하지 마라. 사업은 성공만

한다면 얼마든지 큰돈을 벌 수 있다. 그러려면 사업을 성공으로 이끄는 데 반드시 필요한 '중심' 혹은 '신념'과 쓸데없는 '자존심'의 경계를 명확히 할 필요가 있다. 자존심이란 포장의 아집은 자칫 본인과 사업 모두를 위기에 빠뜨리는 양날의 검으로 작용할 수 있기 때문이다. 그래, 치사하다. 하지만 원래 돈의 본질이 그런 것이다. 성공하고 싶다는 입버릇만으로는 아무것도 이룰 수 없다. 병원에서 "당신에게 쓸개가 없다"는 진단을 받을 각오가 돼 있다면 성공을 향한 최소한의 준비는 마친 셈이다.

그럼에도 불구하고
나는 자랑스러운 대한민국 국민이다

지난 반백 년간 세계 무역 시장의 흐름을 살펴보면 1970
년대까지는 유통망이 풍부한 미국 제품이 주류를 이뤘
고, 1980년대에는 고품질을 앞세운 일본 제품이, 이후로
는 가격 경쟁력을 중시하는 중국 제품이 시장을 잠식하
는 추세를 보이고 있다. 한국 제품이 시장의 중심에 선
적은 단 한 번도 없었다. 그럼에도 불구하고 나와 영리무
역은 오직 한국 제품만을 취급했다. 이른 나이에 조국을
떠나 평생을 해외에서 살아야 했던 내가 애국하는 길은
오직 우리나라 제품을 전 세계에 판매하는 것이라 여겼
던 까닭이다. 내가 가장 사랑하는, 그리고 나의 단 하나
뿐인 조국, 대한민국에 대한 감사와 애정의 마음이었다.
하지만 내가 무역을 처음 시작할 당시는 캐나다에서 한

국이란 나라조차 낯설게 받아들여지던 때였다.

한국 제품의 우수성을 알리기 전에 먼저 한국이란 나라를 한참 동안이나 설명해야 했다. 그나마 1988년 서울올림픽과 2002년 한일월드컵 개최를 통한 한국의 위상 제고와 S전자의 휴대전화를 필두로 한 국내 제품의 약진에 힘입어 점차 한국 제품들도 경쟁력을 갖게 됐다. 하지만 인지도가 극히 낮은 한국 제품들로 치열한 무역의 세계에서 살아남는 일은 녹록지 않았다.

1973년, 캐나다에서 열린 무역인의 밤에 참여했을 때의 일이다. 제법 오랜 시간 무역 활동을 해온 나는 무역인들 사이에서 꽤나 유명인이었다. 물론 회사가 크거나 취급하는 제품이 특별해서가 아닌, 이름도 생소한 한국이란 나라의 제품만을 고집하는 '이상한 회사'이기 때문이었다. "저 사람 봐! 아직도 한국 상품을 팔겠다고 고집을 부리니 매출이 저 모양 아니냐?"라거나 "아니, 팔리지도 않는 한국 물건을 왜 자꾸 들여오는지 모르겠다"와 같은 식의 비아냥이 쏟아졌다.

내가 한국 상품에 주력하는 이유는 이익의 크기가 아닌 애국심의 크기 때문이었지만, 이를 일일이 설명하지는 않았다. 그저 속으로 '내 언젠가는 캐나다 한복판에 태극기를 꽂을 것이다'라는 목표만을 되뇌었을 뿐이다. 이후 캐나다 토론토의 노른자 위에 영리무역의 이름을 내건 건물을 여럿 보유하게 됐으니 당시 나와, 나아가 한국을 우습게 여긴 이들의 코를 납작하게 해줬다는 생각을 해본다.

　나의 애국심이 항상 긍정적인 평가를 받은 것은 아니다. 때로는 무역인이 아닌, 인간 이영현의 삶 자체에 위기가 찾아온 적도 여럿 있다.

　1978년 10월 중순, 캐나다 외무부로부터 연락이 왔다. 캐나다 상공장관이 중국을 방문하는데 캐나다 상공인 대표단의 일원으로 참가하라는 내용이었다. 중국과 가까운 한국인을 끼워 넣으면 대표단 구성이 풍부해질 거란 계산이었다.

　당시는 한국과 중국이 수교를 맺지 않은 시기였다(참고로 한중 수교는 1992년 8월에 이르러서야 체결됐다). 심지어 나는 중·고등학교 시절, 중국에 대해 '중공(중국 공산당)'이란 가르침을 받았기 때문에 짐짓 무서운 이미지를 가지고 있을 수밖에 없었다. 그래도 한편으로는 한국을 대표해 캐나다 상공인 대표단에 선정됐다는 사실이 자랑스럽기도 했다. 결국 나는 오랜 고민 끝에 방중을 결정했다.

　일본 동경을 거쳐 북경에서 내린 나의 눈에 가장 먼저 들어온 붉은 글자는 '모택동(마오쩌뚱) 만세'라는 문구였다. '과연 중공'이란 인식이 머릿속을 가득 채우자 가슴이 철렁하는 느낌마저 들었다.

　캐나다 상공인 대표단 일행은 베이징호텔에 여장을 풀고 당시 당 주석이던 등소평(덩샤오핑)이 주관한 파티에 참석했다. 이후 국영 통신사인 신화 통신과의 인터뷰를 비롯해 미리 준비된 일정을 하나씩 소화했다.

내가 방문한 1978년의 중국은 대약진 운동과 문화 대혁명의 후유증이 채 가시지 않은 가난한 나라였다. 자동차보다 마차가 더 많았고, 피곤에 찌든 사람들로 가득 차 길이 잘 보이지 않을 정도였다. 그해는 중국 경제의 이정표와 마찬가지인 시기였다. 즉, 중국의 폐쇄적이고 국가 주도적인 경제 정책에 대한 개혁 원년이었다. 그리고 등소평 주석이 주도한 개혁 정책의 일환으로 캐나다 상공장관을 초청한 것이었다. 이것이 그 유명한 등소평의 흑묘백묘(검은 고양이든 흰 고양이든 쥐만 잘 잡으면 된다) 이론으로, 자본주의든 공산주의든 인민들만 잘 먹고 잘 살게 하면

경복고등학교 꾀꼬리 동산 비석의 문구는 이영현 회장의 굳건한 애국심의 근간으로 꼽힌다.

된다는 새로운 중국식 경제 정책을 일컫는다.

점차 세계 무역의 중심으로 떠오를 중국의 모습을 확인할 수 있었던 방문을 마치고 나는 홍콩을 거쳐 한국에 입국했다. 그간 바쁜 일정을 핑계로 귀국을 못하던 차에 한국과 지적인 중국 방문을 계기로 고향 나들이에 나선 것이었다. 하지만 나를 기다리고 있던 건 따뜻한 조국의 환대가 아닌, 검은 양복을 입은 이들이었다. 수년 만에 한국으로 돌아온 나는 귀국하자마자 반공법反共法(5·16 군사 정변 이후 공산주의 활동을 처벌하기 위해 제정·공포된 법률) 위반으로 체포되었다. 출국 전에 캐나다 대사관과 외무부에 허락을 받았다고 설명했지만 검은 양복을 입은 그들은 묵묵부답으로 일관했다. 나를 구겨 넣듯 차량 뒷좌석에 던진 후 양쪽에서 팔을 잡고 끌고 간 곳은 시청 앞 프라자호텔이었다. 반공이 국가 이념이었던 1970년대 후반이었기에 적대국인 중국을 방문한 사실이 의심을 받았던 것이다.

이틀 동안 이어진 강도 높은 심문에도 나는 잘못이 없음을 재차 강조했다. 그 과정에서 중국에서 직접 찍은 600여 장의 사진을 보여주고 천안문 광장의 위치도 설명해야 했다. 식사와 휴식은 고사하고 잠조차 제대로 재우지 않는 고압적인 심문에 치를 떨었지만 없는 잘못을 인정할 수는 없는 노릇이었다. 인생에서 가장 억울한 시간이 지나고, 나는 그들에게 가슴속에 있는 말을 쏟아냈다.

"나는 이역만리 타국, 캐나다에서 수십 년 동안 한국 제품을 판매해왔다. 이름만 대면 아는 국내 대기업과도 수십 차례 거래를 했다. 오직 대한민국이란 조국에 대한 사랑으로 평생을 살아온 내게 어찌 이럴 수가 있느냐! 우리나라가 발전하기 위해서는 고정관념을 버리고 더 넓은 눈으로 세상의 흐름과 변화를 직시해야 한다."

조국에 대한 사랑이 배신을 당했다는 생각에 나의 두 눈에서는 굵은 눈물이 뚝뚝 떨어져 내렸다. 하지만 안기부 직원들은 과연 피도, 눈물도 없었다. 이미 결론(이영현은 반국가적 인물이다)을 정해놓고 그에 맞는 과정(심문)을 끼워 맞추려는 듯 나의 주장과 증거에 대한 효력을 하나도 인정하지 않았다.

마침 나와 함께 한국을 방문한 캐나다 지인이 대사관에 연락을 해준 덕분에 캐나다 대사가 정식으로 안기부에 항의를 했고, 나는 꼬박 이틀 만에야 겨우 풀려날 수 있었다. 대한민국이란 나라는 그렇게나 캄캄한 어둠의 한복판에 놓여 있었다.

안기부에서 풀려 나온 나의 기분은 엉망진창이었다. 진흙탕 속에서 허우적대다 기어 나온 심정으로, 다시는 한국이란 나라에 오고 싶지도 않을 정도였다. 캐나다에서 오로지 한국 상품만을 파는 걸 애국이라 여기던 나에게 상은 주지 못할망정 꿈에서도 생각지 않던 공산주의자로 몰아간 처사에 심히 마음이 상했다. 어디 가서 대성통곡이라도 하고 싶었지만 그마저도 불안한 마음에 목구멍 너머로 울음을 꾸역꾸역 삼킬 수밖에 없었다.

그날은 어떻게 숙소를 잡고 잠을 잤는지 기억도 나지 않는다. 캐나다 대사관 직원의 도움으로 대사관 인근 숙소에서 씻지도 못하고 기절한 나는 다음 날 해가 질 때가 돼서야 잠에서 깼다. 하루 종일 잠만 자느라 시장기가 가득했지만 내가 가장 먼저 찾은 것은 잘 마시지도 못하는 술이었다. 부실한 안주조차 없이 강술을 마시면서 나는 조국의 의미를 다시 한 번 되새기기 위해 노력했다. 이미 캐나다에 튼튼한 기반을 마련한 차에 아예 한국을 포기해버릴까 하는 극단적인 생각을 하기도 했다. 하지만 그럼에도 불구하고, 결국, 끝내, 나의 선택은 대한민국이었다.

내 조국이자 내 부모, 형제, 친구의 나라인 한국을 어찌 버릴 수 있다는 말인가! 아무것도 없던 전쟁 후 지저분하고 비루한 남대문 시장에서의 기억마저 아름다운 추억으로 포장된 나에게 대한민국이란 조국은 가족과 함께 삶을 살아가는 두 가지 이유 중 하나였던 것이다.

미워도 다시 한 번, 조국이 나의 마음을 아직 알아주지 않는다면 두 번이고 세 번이고 끊임없이 청혼가를 날리겠다는 다짐을 가슴에 새겼다. "비 온 뒤에 땅이 굳는다"는 속담처럼 나의 애국심이 오히려 더욱 단단해진 사건이었다.

세상의 모든 사랑에는 각자의 형태가 있다. 보답을 받는 짝사랑이 있는 반면, 그 끝이 안타까운 짝사랑도 있고, 내 부모의 무조건적인 내리사랑이 있는가 하면, 대한민국 독립을 위해 애썼던 독립투사의 애끓는 조국 사랑도 있다.

비록 조국에 대한 나의 외사랑이 당시에는 인정받지 못했지만, 수십 년 동안 변함없이 세레나데를 부른 덕분에 대한민국은 다양한 표창과 공로상 등을 통해 나 이영현의 애국심을 '공인' 해줬다. 물론 나에게 현실적인 이익이 생긴 것은 아니지만, 조국에 대한 짝사랑이 결국 결실을 맺었다는 사실 하나만으로도 충분한 기쁨일 터다.

청춘들이여, 조국을 사랑하라. 조국의 성장을 위한 모든 노력이 곧 자신의 발전으로 되돌아온다는 사실을 명심해야 한다. 조국 없이는 나도 있을 수 없다. 조국에 대한 사랑은 아무리 반복해 강조해도 부족하다. 내가 지극히 고루한 조국 사랑을 두 번, 세 번 언급하는 이유다.

하늘과 땅을 뒤집으니
길이 생기더라

최악의 품질을 자랑하는 한국산 여행 가방을 처리하느라 생고생을 했지만, 그래도 나는 느리지만 분명히 흘러가는 시간처럼 한국 제품 역시 조금씩 품질이 나아질 거란 기대를 갖고 또 다른 아이템 발굴에 나섰다. 하지만 직접 품질을 확인할 길이 없어 또다시 한국을 방문해야 하나 고민하던 중 'Torcan'이라는 한 캐나다 유통업체가 한국산 선풍기를 구입하고 싶다고 문의를 해왔다. 우연한 기회에 접한 한국산 12인치 선풍기가 제법 성능이 좋았는지 콕 찍어 해당 제품 5만 개의 납품을 요청했던 것이다. 내가 해야 할 품질 검사를 오히려 바이어 측에서 해결해준 셈이었다. 나의 입장에서는 그저 고마울 따름이었다.

제품 설명을 들은 나는 수원에 위치한 제조업체에 전화를 걸어 상품 가격을 문의했다. 미국 달러로 18달러라는 말을 전해 들은 나는 다시 Torcan 담당자와 만나 가격을 협상했고, 최종 납품 가격은 30달러로 정해졌다.

'대당 12달러씩 5만 대면 무려 60만 달러의 이익이 손에 쥐어진다'는 생각에 나는 신난 발걸음으로 한국행 비행기에 올랐다. 30시간이 넘는 비행에도 피곤한 줄 모르고 곧바로 수원으로 내려간 나는 깜짝 놀랐다. 회사 정문에 "이영현 회장님 환영합니다"라는 플래카드도 모자라 전 직원이 양쪽으로 도열한 채 박수를 치고 있는 게 아닌가! 회사 역사상 가장 많은 물량을 주문한, 그것도 캐나다에 자신들이 직접 만든 제품을 판매할 수 있는 기회를 제공해준 나에 대한 감사의 표시였다. 그간 한국 제품을 취급해오며 온갖 괄시와 무시를 받던 나의 가슴에 벅찬 자부심이 가득 차올랐다.

간단한 환영식이 끝나고 회의실로 올라간 나는 가벼운 환담을 나눈 후 본격적인 사업 이야기에 들어갔다. 처음부터 끝까지 물 흐르듯 자연스럽게 계약이 맺어질 거란 나의 예상은 점차 이상한 방향으로 흘러갔다.

"이번 오더는 FOB입니까, CIF입니까?"

수출 책임자의 말 중 한마디도 알아듣지 못한 나는 멍하니 다음 질문을 기다렸다. 한참을 기다려도 나의 대답이 없자 담당자는 재차 같은 질문을 던졌다. 그제야 정신을 차린 나는 "다른 건 모르겠고 18달러에 내게 선풍기를 판다고 하지 않았느냐?"고 따져 물었다. 담당자는 깜짝 놀라며 "아니, FOB와 CIF도 모르고 오더를 준 것이냐?"고 되물었다.

엄청난 물량을 주문한 손 큰 사업가에서 기본적인 무역 용어조차 모르는 애송이로 전락한 순간이었다. 그들이 제시한 18달러는 선풍기의 최초 공장도 출고 가격FOB이라는 의미였는데, 나는 제품 구입부터 운송까지 포함한 최종 납품 가격CIF이라고 생각한 것이었다.

나의 이번 거래는 무역인이 결코 하지 말아야 할 것들이 상당 부분 포함된 어리석음의 결정체였다. 먼저 '무역인이라면 절대 하지 말아야 할 세 가지'를 정리해본다.

첫째, 내가 모르는 서류에 도장 찍지 마라.
― 꼼꼼하게 읽어보고 변호사와 상의하라.
둘째, 어떤 일이 있어도, 가족 간에도 보증은 서지 마라.
― 보증을 선다는 건 생명을 거는 것과 마찬가지다.
셋째, 내가 모르는 분야에 투자하지 마라.
― 내 귀에 달콤한 말은 한 번 더 꼼꼼하게 확인하라.

첫 번째, 내가 모르는 서류에는 절대 도장을 찍지 말아야 한다. 앞서 내가 설명한 선풍기 건에 정확하게 해당하는 항목이다. 당시 나는 기본적인 무역 용어조차 알지 못하는 상황에서 계약 내용까지 제대로 확인하지 않은 탓에 이익은커녕 큰 손해를 떠안아야 했다. 이후 나는 모든 계약에 있어, 규모를 떠나 무조건 변호사를 통한 법리 해석 과정을 반드시 거치고 있다. 무역은 수많은 변수가 오가는 특별한 분야인 까닭에 무역 전문 변호사의 조언이 반드시 필요하다는 사실을 '직접 체험'한 덕분에 지금까지 영리무역에서 진행된 모든 거래는 법적인 문제에 휘말린 적이 없다. 역시 경험보다 훌륭한 스승은 없음을 새삼 깨닫게 됐다.

두 번째, 보증은 절대 서면 안 된다. 아마 이미 대부분의 사람들이 자신의 부모나 선배, 친구 등 다양한 창구를 통해 이와 같은 말을 지겹도록 들었을 터다. 더 이상 무슨 말이 필요하겠는가. 보증을 서주지 않을 경우 단 한 사람만 어려움을 겪으면 그뿐이지만, 보증 서류에 도장을 찍는 순간 말로 형용할 수 없는 힘겨움에 시달리는 사람이 두 명으로 늘어날 것이다. 다시 한 번 간절히 부탁한다. 제발 보증만은 서지 마라!

세 번째, 내가 모르는 분야에 투자하는 것은 되도록 피해야 한다. 이 또한 당연한 일이다. 자신이 잘 아는 분야라고 여겨 자신 있게 투자를 하더라도 왕왕 실패하는 경우가 있기 마련이다. 하물며 자신이 모르는 분야에 투자를 한다면 상대적으로 실패 확률이 더 높을 수밖에 없다. 다만 내 말은 평생 자신이 처음 손을 댄 분야에만 집중하라는 의미가 아니다. 새로운 분야에 대한 도전이 없다면 발전과 성장도 요원한 일이 될 것은 당연지사. 사업가에게 있어 사업 영역 확장은 선택이 아닌 필수에 가깝다. 특히 늘 새로운 무언가를 발굴해야 하는 무역인에게 다른 분야에 대한 투자는 의무이자 책임일 터다.

그렇다면 내 주장의 숨겨진 의미는 무엇일까? 바로 새로운 분야에 투자를 하기까지 보다 꼼꼼하고 철저한 검증 과정을 거치라는 뜻이다. 흔히 귀에 달콤한 말이 몸에는 좋지 않다고 말한다. 같은 맥락에서 내 귀에 달콤하게 들리는 사업은 약이 아닌 독이 될 확률이 높다. 하지만 사업가, 무역인으로서 새로운 분야에 대한 개척을 등한시할 수는 없는 법. 결국 대치되는 두 가지 가치, '새로운 분야로의 도전'과 '안정성'을 모두 만족시키려면 전혀 다른 분야의 투자 실패 확률을 줄이기 위한 본인의 노력이 뒷받침돼야 한다.

정리하자면, 무역인 혹은 사업가에게는 숙명과도 같은 새로운 분야에 대한 투자 실패 확률을 줄이기 위해서는 보다 철저한 사업성 검토와 뼈를 깎는 노력이 필요하다. 이는 무역인으로 40년을 살아온 내가 뼈저리게 경험한 후 정한 기준이다.

나의 시정을 듣고 난 담당자의 표정은 차라리 황망하기까지

했다. 선풍기 도매가 18달러에, 캐나다까지의 배송비 12달러, 이외에도 보험과 트럭 운반비, 인건비, 공장 사용료, 은행 이자 등을 포함한 추가 비용 6달러 80센트까지 합산하니 대당 최종 납품가는 36달러 80센트로 훌쩍 뛰었다. 쉽게 말해 내가 선풍기를 한 대 팔 때마다 6달러 80센트씩 손해가 발생한다는 결론이 나왔다. 그렇다고 이미 공장을 총동원해 만든 5만 대의 오더를 이제 와 취소하는 것은 더더욱 불가능했다.

일단 다음 날 다시 한 번 미팅을 갖기로 하고 서둘러 공장을 빠져나온 나는 수원의 한 허름한 숙소에 몸을 뉘었다. 초기 계약금으로 보낸 금액을 포기하고 이대로 도망가버릴까 하는 불순한 마음이 불뚝불뚝 솟아오르기도 했지만, 내가 사랑하는 조국의 회사가 망할지도 모를 위기에 봉착하게 할 수는 없었다. 그렇다고 초보 무역인인 나에게 뾰족한 수가 있는 것도 아니었다.

'무역은 아무나 하는 게 아니구나.'

무역에 대한 기초 지식도 없고 상거래도 제대로 해본 적 없으면서 무작정 뛰어든 나 자신에 대한 후회와 한심함이 밀물처럼 몰려들었다. 어렵사리 실적을 쌓기 시작한 영리무역이 하루아침에 문을 닫을지도 모른다는 불안감에 밤새 잠을 이루지 못하면서도 "하늘이 무너져도 솟아날 구멍이 있다"는 속담을 중얼거리며 어떻게든 현재 상황을 타개할 방법을 찾기 위해 안간힘을 썼다. 하지만 거래 횟수 자체가 얼마 되지 않는 내가 다양한 형태의 위기를 극복해본 경험이 있을 리 만무했다. 특히 이번처럼 지식이 부족한 탓에 처음부터 손해를 떠맡아야 하는 계약은 원가 자체가 획기적으로 낮아지지 않는 한 만회하기가 힘들었다.

다음 날 회의실에서 다시 마주한 담당자는 어제와 달리 냉랭한 표정으로 당초 계약 내용에 따른 이행을 재촉했다. 내 실수로 인해 자신들이 손해를 볼 이유가 없었던 것이다. 냉혹하지만 어디까지나 내 부주의 탓에 생긴 일이었기에 입이 열 개라도 할 말이 없었다.

어쨌든 원가를 낮추는 것만이 유일한 방법이었기에 나는 조금이라도 손해를 만회하고자 담당자를 붙잡고 계속 사정을 했다. "절대 18달러 이하로 납품가를 낮출 수 없다"는 회사 측과 "단 1달러라도 납품가를 낮춰달라"는 나의 입장은 며칠 동안 평행선을 그릴 수밖에 없었다.

그렇게 서로의 주장을 되풀이하던 중 회사 측에서 며칠 전부터 마지막 미팅으로 못 박은 날이 다가왔다. 회사 측에서는 "더 이상 할 말이 없다"는 입장이었다. 이대로 돌아가면 나는 결국 전 재산을 빼앗기고 영리무역은 도산이라 수순을 겪어야 했다.

나는 '배수의 진'을 치는 심정으로 마지막 미팅에 임했다. 더 이상 납품가를 깎아달라고 요청하지 않을 테니 오늘 하루만이라도 나와 함께 방법을 찾아보자며 읍소했다. 회사 측 역시 피치 못할 나의 사정을 알면서도 냉정하게 대한 게 내심 미안했던지 배송비와 인건비를 최소화할 수 있는 방안을 제시하는 등 여러 가지 해결책을 제안했다. 하지만 어떤 방법도 결국 일정 부분의 손해를 감수해야만 했다. 본전치기만 돼도 감지덕지라고 여겼지만, 모든 방법을 동원해도 최소 수만 달러의 손해가 생길 수밖에 없는 구조였던 것이다.

일단 나와 회사 측 전문가가 내린 결론은 7달러에 가까운 추가 비용을 아끼기 위해서는 납품가의 가장 큰 부분을 차지하는 공장 출고가와 캐나다까지의 배송비를 줄여야 한다는 것이었다. 이 중 공장 출고가는 회사 측의 완강한 태도로 인해 낮추는 게 불가능했고, 두 번째로 큰 비중을 차지하는 배송비를 줄일 방법을 찾아야 한다는 결론에 도달했다.

40피트 컨테이너 박스에 들어가는 선풍기는 총 330대였다. 나는 어떻게든 더 많이 싣기 위해 이리저리 자리를 바꿔 제품을 쌓아봤지만 오히려 더 적게 들어갈 뿐, 330대 이상은 도무지 실을 수가 없었다.

"쥐도 궁지에 몰리면 고양이를 문다"고 했던가. 상황에 꼭 맞는 속담은 아니지만, 궁지에 몰린 나의 머릿속에는 갑자기 한 가지 아이디어가 떠올랐다. 이제는 애물단지가 된 선풍기를 한참 동안 노려보던 나는 아예 제품을 각 부분별로 분해해보기로 했다.

뜬금없이 톱을 찾는 나를 본 회사 직원들은 와락 달려들어 나의 팔과 다리를 붙들었다. 갑작스러운 제지 행동에 의아해하는 나에게 직원들은 "제발 극단적인 선택은 하지 말라"며 만류하는 게 아닌가? 나중에 안 사실이지만 직원들은 내가 절망한 나머지 톱으로 자신들의 목을 베려는 줄 알고 벌벌 떨었다고 한다. 백척간두에 선 나의 절박함이 표정으로 드러난 것이었다.

직원들에게 양쪽에서 팔을 잡힌 상태에서 머릿속에 떠오른 아이디어를 설명하는 웃지 못할 과정을 거친 후에야 나는 톱을 전해 받을 수 있었다. 조심스럽게 윗부분과 밑받침을 잘라 3등분을 한 나는 엔지니어에게 전기회로를 다시 이어볼 것을 부탁했다. 다행히 윗부분과 밑받침이 분리됐을 뿐, 선풍기는 아무 문제없이 돌아갔다. 회사 측 역시 나의 아이디어가 제대로 맞아떨어진 것이 신기했는지 연신 엄지손가락을 치켜올렸다. 내가 새롭게 제시한 아이디어는 이른바 '녹다운Knock down' 방식으로, 완성품이 아닌 부품을 수출해 현지에서 조립해 포장하는 것이었다.

3등분을 한 선풍기를 다시 컨테이너에 실어보니 이전에는 330대밖에 안 들어가던 제품이 무려 1,960대나 들어갈 수 있게 됐다. 12달러였던 배송비가 확 줄어든 셈이었다. 배송비가 획기적으로 줄어든 덕분에 새롭게 추가된 캐나다에서의 재조립 인건비까지 포함해도 나에게는 내당 2달러 80센트의 이익이 떨어지게 됐다. 대당 6달러 80센트의 손해를 떠안게 될 위기에서 발상의 전환으로 수익을 창출하게 된 것이었다. 이후 나는 녹다운 방식을 적용해 선풍기를 20만 대나 판매할 수 있었다. 절체절명의 위기에서 발휘된 기발한 아이디어가 깊은 늪에 빠져 허우적대던 나를 구한 셈이었다.

'동서남북이 다 막혀 있어 아무리 힘들고 절망적인 상황이라고 하더라도 어떻게든 살겠다고 발버둥을 치면 반드시 빠져나갈 구멍을 만들 수 있다.'

그 누가 감히 울퉁불퉁한 박지성과 김연아의 발을 보고 못생겼다고 지적할 수 있겠는가? 상황은 다르지만 그들 역시 나와 마찬가지로 늘 최선을 다하는 삶을 살아왔으리라 믿어 의심치 않는다. 살이 터지고 피가 흘러 울퉁불퉁해진 나의 손과 그들의 못난 발은 항상 스스로에게 당당한 사람만이 가질 수 있는 훈장일 터다.

절대 포기하지 마라. 포기란 '배추를 셀 때나 쓰는 말'이라는 아재 냄새 풀풀 풍기는 웃기지 않는 농담처럼 우리 인생에서 아무짝에도 쓸모없는 단어일 뿐이다.

나의 번뜩이는 재치가 다시 한 번 발휘된 것은 어느새 무역인으로서의 입지를 제법 단단하게 다진 1980년대 후반, 어렵사리 선풍기 거래를 성사시킨 지 10년쯤 지났을 때였다.

1988년, TV 컨버터 건으로 나와 오랜 인연을 이어온 S전자에서 새롭게 출시된 카메라의 판매를 문의해왔다. 국내 기술로 만든 카메라를 캐나다를 비롯한 해외 각국에 수출하고 싶다는 내용이었다. 나와 함께 무역업에 종사하는 동료들이 선호하는 제품 중 하나가 바로 카메라였다. 단, 그들이 취급하는 제품은 오직 독일과 일본에서 만든 카메라로 한정됐다. 카메라의 핵심인 광학 기술의 역사가 독일은 300년, 일본은 150년에 달했기 때문에 후발주자들은 두 나라의 기술력을 따라잡지 못했던 것이다.

아무리 내가 한국 상품만을 전문적으로 다룬다고 해도 승산 없는 싸움에 뛰어들 만큼 바보는 아니었다. 당시 20년 이상 무역인으로 잔뼈가 굵어온 나의 기준에서 한국산 카메라의 판매는 아무래도 무리수에 가까운 선택이었다. 만약 팔리지 않는 제품을 떠안게 된다면 나는 무역인을 죽이는 두 가지, 재고와 이자의 칼날에 하루하루 피 말리는 시간을 보내야만 할 터였다.

무역인은 두 가지 때문에 죽는다. 앞서 이야기한 대로 '재고'와 '이자'가 바로 그것이다. 과거 내가 떠안았던 왼손잡이 전용 야구 글러브는 재고 중에서도 악성 재고로 꼽힌다. 아무리 저렴한 가격이라도 팔리지 않는다면 결국 손해로 직결되는 바, 재고는 어떤 이유를 막론하고 무역인에게는 쥐약이나 다름없다. 그동안 잊고 있었는데, 당시 내가 수입한 야구 글러브는 아직도 어느 창고 구석에 쌓여 있을 터다. 기억이 떠오른 참에 지역 사회에 기부할 방법을 찾아봐야겠다.

다시 본론으로 돌아와, 무역인은 그 누구보다 시대의 흐름에 민감해야 한다. 쉽게 말해 '팔리는 제품'을 취급해야 한다. 내가 세계 곳곳을 다니며 전 세계 트렌드를 파악하는 건 결코 돈이 많아서도, 기분 전환으로 여행을 떠나기 위해서도 아니다. 무역은 결국 한 나라의 상품을 구입해 적절한 이윤을 붙인 후 다른 나라에 판매하는 행위다. 그런데 양쪽 나라의 문화와 시대적 배경, 소비자의 니즈Needs 등 복합적인 요소를 정확히 파악하지 못한다면 수익을 창출하기가 매우 힘들다.

무역인을 죽이는 두 번째 요소는 이자다. 무역은 계약 내용에 따라 다양한 형태로 일련의 과정이 진행되지만, 대다수의 거래는 무역업체가 상품에 대한 대금을 미리 지불하고 무역 관련 절차를 거쳐 일정 수준의 이윤을 붙인 후 현지 업체에 납품하는 식으로 이뤄진다.

정리하자면, 무역회사의 자체 자금으로 상품 대금을 지불한 후 거래처에 이를 납품해 이윤을 남기는 것이다. 계약을 성사시키기 위해서는 상품 구입을 비롯한 일체의 무역 절차 진행 비용이 필요하다. 하지만 어떤 회사도 충분한 자금을 금고에 쌓아놓고 사업을 하지는 않는다.

때로는 다소 무리라는 평가를 받을지라도 획기적인 신상품을 선점함으로써 보다 큰 이익을 도모하는 것도 무역의 방법 중 하나다. 이에 많은 회사들이 각종 대출을 적극 이용한다. 판매에 대한 확신이 있으면 일정 이자를 부담하더라도 최대한 많은 상품을 수입해 판매함으로써 이익을 극대화하는 식이다. 바로 이 지점에서 이자에 대한 딜레마가 발생한다. 해당 상품의 판매가 예상대로 잘 이뤄진다면 이익이 발생하는 대로 원금과 이자를 상환하면 그만이다. 하지만 앞서 말한 왼손잡이 전용 야구 글러브와 같이 당초 예상과 달리 판매가 부진한 상품이라고 판명되면 이자는 물론 원금까지 고스란히 직접적인 손실로 기록될 수밖에 없다. 무역인의 눈썰미가 중요한 이유이자, 회사의 자금력을 뛰어넘는 무리한 투자는 되도록 지양해야 하는 까닭이다.

결국 재고와 이자는 빛과 그림자의 관계와 같다. 악성 재고의 발생은 곧 이자 부담으로 연결된다. 모든 계약을 100퍼센트 회사의 자체 자금으로 진행할 수는 없어 거래 금액의 일정 비율에 대해 대출을 발생시키는 게 일반적이기 때문이다. 위험을 피할 수 있는 방법은 누차 강조한 대로 '무역인의 역량'을 키우는 것뿐이다. 자신이 아무리 혁신적인 상품이라고 주장해도 소비자의 외면을 받는다면 해당 제품은 애물단지 그 이상도, 이하도 아니다.

'팔리는 제품'을 찾고 철저한 사전 소사를 통해 실제 판매 수

량과 최대한 근사치를 뽑아내는 것이야말로 가장 기본적이면서도 가장 실현시키기 어려운 무역인의 업무 능력이다. 이런 점에 비춰봤을 때 한국산 카메라는 무역인이라면 반드시 피해야 할 기피 상품이었다. 재고 발생 여부를 떠나 꽤 고가의 전자제품이었던 탓에 상당히 큰 금액의 대출과 그에 따른 이자를 부담해야 했기 때문이다. 그것도 악성 재고가 될 여지가 다분한 '팔리지 않을 확률이 매우 높은 상품'을 거래하기 위해서 말이다.

최고의 카메라로 손꼽히던 독일산 라이카와 대중적으로 인기를 끌던 캐논이 장악한 관련 시장을 다른 후발주자가 파고들 가능성은 한없이 '제로'에 수렴한다는 게 대다수 무역인들의 평가였다. 하지만 S전자는 회사 차원에서 오랫동안 카메라 시장 공략을 준비한 끝에 야심차게 내놓은 제품을 포기할 수 없었다. 아예 사장이 직접 캐나다로 찾아와 일개 무역업자인 나에게 통사정을 할 정도였으니 당시 그들의 절박함은 나의 그것 못지않았으리라.

나중에 안 사실이지만 카메라 개발을 마친 후 S전자에서 가장 먼저, 그리고 유일하게 거래를 제안한 곳이 바로 나의 영리무역이었다고 한다. 나와의 계약을 계기로 해외 수출부를 출범시킨 이래 전 세계 수많은 무역회사와 거래를 했지만, 분명하고 지속적인 성과를 이어온 것은 오직 영리무역 한 곳이었기 때문이다. 물론 그간의 실적을 통해 '이영현이라면 최고의 실적을 거둘 것이다'라는 신뢰와, 한편으로는 캐나다 판매를 통해 향후 진행될 또 다른 거래의 성패를 가늠하겠다는 실질적인 이유도 있었을 것이다.

오랫동안 파트너십을 가진 S전자의 대표가 캐나다까지 방문한 시점에 나의 선택지에서는 이미 '거절'이란 항목이 지워져버렸다. 자신의 절박함이 외면당하는 그 심정을 누구보다 잘 알고 있었기에 가능한 모든 방법을 동원해 영리무역의 오랜 파트너와 동고동락을 하기로 결심한 것이었다. S전자 대표는 나를 와락 껴안고 연신 감사하다는 말을 전했다. 그 순간은 나 역시 뿌듯한 마음이 들었지만 곧이어 가진 실무자들과의 회의에서 냉혹한 현실을 마주해야 했다.

"아직 정식으로 계약을 한 것은 아니니 지금이라도 거래를 거절해야 한다."

꼬박 한나절 동안 계속된 회의에서 여러 의견이 오갔지만 결론은 결국 이와 대동소이했다. 직원들이라고 억하심정을 갖고 이를 반대하지는 않았으리라. 오죽 답답했으면 이미 회사 대표인 내가 결정한 일에 한목소리로 반대의 뜻을 표했을까. 나는 직원들의 의견을 충분히 수렴한 뒤 장고에 들어갔다. 이틀 뒤, 전 직원을 중앙 홀에 모은 후 나는 오랜 고민 끝에 내린 결론을 말했다.

"모든 일에는 '때'가 있습니다. 물론 지금 당장의 시장 상황을 놓고 판단한다면 한국산 카메라는 팔지 않는 게 올바른 결정일 수 있습니다. 하지만 수십 년 동안 오직 한국 상품만을 판매해온 영리무역이 나서지 않는다면 한국산 카메라는 영영 한국이란 작은 우물에서 벗어나지 못할 것입니다. 저도 실패가 무섭고 싫습니다. 하지만 비록 실패를 할지라도 내가 사랑하는 조국, 대한민국의 경제 발전에 조금이나마 이바지하고 싶습니다. 개인적으로 한국산 카메라의 시장 진출을 100퍼센트 부정적으로 바라보지는 않습니다. 국내 최고의 기술력이 동원된 제품인 만큼 품질 자체도 기존 제품에 비해 크게 뒤떨어지지 않는 것은 물론 고부가가치 상품인 까닭에 평균 이상의 판매가 이뤄진다면 영리무역이 큰 성장을 거둘 수 있는 발판이 되리라 확신하기 때문입니다. 만약 좋지 않은 결과가 나와 회사가 위기에 몰리더라도 제 사재를 출연해 영리무역 가족들에게 어떤 형태의 손해도 끼치지 않을 것을 약속드립니다. 부디 대한민국 무역의 새로운 가능성을 타진할 수 있는 이번 거래에 최선을 다해주길 바라고 또 바랍니다."

나의 읍소에 직원들 역시 마음을 다잡고 본격적으로 카메라 시장 공략에 나섰다. S전자 대표부터 말단 직원까지 나에게 개인적으로 연락을 해 감사 인사를 할 정도로 크게 기뻐했음은 물론이다. 나 역시 대한민국 경제를 한 단계 제고시킬 수 있는 기회라는 마음으로 회사의 모든 역량을 해당 계약에 집중했다.

하지만 열정과는 달리 캐나다 카메라 시장에서 30년 이상 터줏대감으로 자리매김해온 일본을 넘어서기는 예상보다 더 힘들었다. 이스라엘의 옛이야기 속 '다윗과 골리앗의 싸움'이 차라리 승산이 높을 거라는 생각이 들 정도였다.

기존의 세일즈 방식으로는 새로운 판로를 개척하기 힘들다는 결론에 도달한 나는 다소 손해를 감수하고서라도 일단 현 시장의 흐름을 정확히 판단하는 게 우선이라고 생각했다. 이후 회의를 통해 직원들에게 한 날 동안 판매와 유통을 비롯한 카메라에 관련된 모든 정보를 수집할 것을 지시했고, 그렇게 모인 자료를 통해 카메라 시장 공략법을 구상해나갔다.

내가 주목한 부분은 바로 '소비자 서비스' 측면, 쉽게 말해 애프터서비스After Service와 같은 제품에 대한 후속 조치였다. 일본의 카메라 제품은 캐나다 시장을 본격적으로 공략하기 시작한 1970년대까지만 해도 품질과 소비자 서비스, 양 측면 모두 매우 좋은 평가를 받았다. 하지만 카메라 시장 점유율이 충분히 높아지고 지속적인 매출이 유지된 1980년대에 들어서는 각종 소비자 서비스가 부실하다는 불만이 이어지고 있는 상태였다. 실제 일본 제품을 사용하고 있는 고객들을 만나 관련 조사를 실시한 결과, 역시 소비자 서비스에 대한 만족도가 현저히 낮게 나타났다.

나는 바로 이 지점에서 한국산 카메라가 관련 시장을 공략할 핵심을 잡아낼 수 있었다. 제품의 품질은 내가 당장 해결할 수 있는 게 아니었다. 전문가가 아닌 내가 한국으로 훌쩍 건너가 개발에 참여할 수도 없는 노릇이었다. 때문에 나는 소비자의 의견을 실시간으로 S전자에 전달하는 한편, 지속적인 제품 개발과 품질 제고에 대한 노력을 촉구했다. 장기적인 관점에서 접근해야 하는 고부가가치 상품의 판매를 위해서는 반드시 필요한 조치였다.

내가 컨트롤할 수 있는 부분은 소프트웨어, 즉 소비자 서비스 측면을 강화하는 것이었다. 마침 캐나다 카메라 시장 점유율 1위를 지키고 있는 일본 제품에 대한 고객 불만이 소비자 서비스에 집중돼 있다는 사실이 나로 하여금 공략의 틈새를 엿보게 해줬다. 한국 제품을 구입한 고객들에게 차별화된 소비자 서비스 정책을 인정받는다면 점차 시장을 잠식해나갈 수 있으리라는 확신을 갖게 되었던 것이다. 하지만 아직 제품 판매가 전무한 상황에서 대대적으로 지금과 같은 '고객센터', 즉 소비자 서비스 전담 부서를 출범시키기에는 회사에 가중되는 부담이 지나치게 컸기 때문에 순차적인 개선이 최선이었다. 광범위한 부분에 걸친 다양한 소비자 서비스 중 어느 한 부분을 특정하기는 매우 힘들었던 까닭이다.

나는 개선책의 우선순위를 정하기 위해 고객과의 직접 접촉에 나섰다. 인터넷이 발달하지 않았던 당시 고객과 만나려면 직접 발품을 파는 수밖에 없었다. 나는 캐나다에서 가장 큰 일본 카메라 매장 앞에 진을 치고 몇날 며칠 샌드위치와 우유로 식사를 해결하며 매장을 오가는 고객들을 대상으로 직접 설문조사를 실시했다.

며칠 동안 만난 고객들이 갖고 있는 가장 큰 불만은 '시간'이었다. 예컨대 현금을 들고 매장에서 제품을 구입하려고 해도 특정 상품의 재고가 부족한 탓에 일본에서 제품이 올 때까지 기다려야 하는 불편을 감수하는 것은 물론 고장으로 인해 카메라 수리를 맡기면 한 달 이상 걸리는 경우가 흔하다는 것이었다. 심지어 한 고객은 "무려 6주 전에 수리를 맡겼는데 오늘까지 연락이 없어서 직접 찾아왔더니 2~3주 뒤에 다시 오라고 하더라. 당장 내일 가족들과 여행을 떠나야 하는데 카메라 없이 가게 됐으니 머리끝까지 화가 난다"며 분통을 터뜨렸다.

나는 해당 고객에게 감사의 뜻과 함께 차에 갖고 다니던 한국산 카메라를 선물로 전달했다. 갑작스러운 선물에 놀란 고객은 "왜 이 비싼 카메라를 무료로 주느냐?"고 물었다.

"이 카메라는 나의 조국, 대한민국에서 만든 제품이다. 성심성의껏 내 질문에 대답을 해준 데 대한 감사의 의미와 가족들과의 소중한 추억을 기록하는 데 도움이 되길 바라는 마음에서 당신에게 선물로 주고 싶다. 만약 내 선물이 당신의 가족 여행에 도움이 된다면 대한민국이란 이름을 꼭 기억해주길 바란다."

꼬박 2주 동안 수많은 고객을 직접 만나가며 설문조사를 마친 나는 회사로 돌아와 다시 회의를 주재했다. 회사의 명운이 걸린 카메라 시장 공략법을 확정하기까지는 꽤 오랜 시간이 걸렸다. 전 직원이 참여한 회의는 무려 사흘에 걸쳐 진행됐고, 세 가지 큰 틀과 이에 대한 세부사항까지 정하고 나서야 마침표를 찍을 수 있었다.

다소 과감하고 심지어 '무모해 보인다'는 평가를 들었던 영리무역표 카메라 제품 관련 소비자 서비스의 기준은 크게 세 가지였다.

첫 번째 기준은 OTDT^{Order Today Delivery Today}였다. 직역하면 '그날 주문하면 그날 배달해준다'는 뜻으로, 고객들의 소중한 시간을 지켜주겠다는 영리무역의 약속인 셈이었다. 내가 개인적으로 OTDT에 부여한 또 다른 의미는 '고객의 요청에 즉각 반응하라'는 것이었다. 굳이 영리무역을 예로 들지 않더라도 모든 기업에게 고객은 그들의 사업에 있어 가장 중요한 요소로 손꼽히기 마련이다. 백성 없는 나라가 존재할 수 없듯, 고객이 전제되지 않는다면 기업의 가치가 성립되지 않는 것이다.

눈치 빠른 독자라면 이미 알아차렸겠지만, 내가 정한 세 가지 방침이 공통적으로 지향하는 지점은 바로 '고객'이었다. 방법과 방식의 차이가 있을 뿐, 기업 운영에 있어 핵심을 쥐고 있는 고객에 대한 고민은 모든 사업가의 숙명과 마찬가지다.

한편으로는 직원들의 '나태함'을 타개하려는 숨은 의도도 어느 정도 포함되어 있었다. 치열한 경쟁과 자기희생을 통해 국가 경제를 일으켜야 했던 우리나라와 달리 넓은 땅덩어리에서 상대적으로 여유롭게 살아온 캐나다인들에게 있어 회사는 우선순위가 아니었다. 물론 정해진 근로 기준을 지키는 것은 당연했지만 그럼에도 불구하고 회사를 운영하는 나의 입장에서는 조금 더 애사심을 갖고 고객을 위하는 업무 태도를 바란 게 사실이었다. 때문에 직원들의 '부지런함'을 전제로 하는 OTDT를 첫 번째 소비자 서비스 정책으로 정한 것이었다.

두 번째 기준은 SDS^{Same Day Service}, '당일 수리 서비스'였다. 당시만 해도 보통 카메라 수리에 최소 4주 이상 최대 6~8주까지 걸리는 게 일반적이었다. 여행이나 특별한 날 가끔 사용하는 카메라의 상태를 매일 체크하는 고객은 전혀 없다고 봐도 무방했다. 즉, 고객이 카메라의 작동 여부를 확인하는 시점은 사용해야 하는 날과 매우 밀접할 수밖에 없는 것이었다. 때문에 한 달 이상 걸리는 수리 기간은 고객들이 가장 큰 불만을 나타내는 부분이었다. 심지어 지금과 달리 카메라 관련 기술에 미흡한 점이 많은 탓에 고장이 잦았던 것도 부정적 요소로 작용했다. 이 같은 현상이 나타난 것은 카메라 수리를 전담하는 부서가 독일이나 일본에 있기 때문이었다. 쉽게 말해 캐나다에서 접수된 독일산 A카메라를 수리하기 위해서는 베를린에 위치한 본사로 보내야 하고, 일본산 B카메라는 20시간 이상 비행기를 타고 동경으로 가야 하는 식이었다. 간단하게 생각하면 전문 인력을 캐나다 지사에 채용하면 그만이었다. 하지만 기업의 입장에서 불필요한 인력(사실 무엇보다 중요한 인력이지만)을 채용해 추가로 인건비를 지불하는 일은 지양하고 싶었을 터다.

나는 독일과 일본이란 이름의 한파에 이미 단단하게 얼어붙은 캐나다 카메라 시장을 공략하기 위해서는 보다 공격적인 전략이 필요하다고 판단했다. 이에 영리무역의 이익을 상당 부분 포기하더라도 기존 카메라 회사의 미흡한 점으로 지적받던 '수리 시스템'을 혁신적으로 개선하기로 결정했고, 치열한 논의 끝에 탄생한 영리무역만의 새로운 수리 시스템이 바로 SDS였던 것이다. 이 시스템을 구축하기 위해 나는 S전자와의 긴밀한 논의를 통해 다수의 전문가 파견을 요청했고, 이후 관련 교육을 마친 직원을 캐나다 본사 및 지점에 배치했다.

고객들의 반응은 가히 폭발적이었다. 냉정히 말해 독일과 일본에 비해 아직 기술력이 부족한 우리나라 카메라가 나름대로 선전할 수 있었던 이유는 고객 서비스에 대한 만족도가 높았기 때문이다. 다시 한 번 말하지만 고객이 전제되지 않은 기업의 가치는 0달러다.

세 번째로는 '판매 책임 제도'를 도입했다. 간단히 설명하면 판매에 대한 책임을 직원에게 묻겠다는 것이었다. 물론 무조건적으로 책임을 전가시키는 건 아니었다. 회사에서 자체적으로 마련한 카메라 관련 전문 교육을 마친 직원을 판매 업무에 배치시키는 게 기본 골자였다. 참고로 교육 내용 중에는 간단한 고장에 대한 수리 및 작동 여부 확인법 등 기계 관련 전문 지식까지 포함돼 있었다.

정리하자면, 판매 책임자가 판매 전 직접 품질을 확인한 후 '고객 불만 접수 시 페널티(인사고과, 해고 등) 부과', '고객 불만 미 접수 시 인센티브 부여'를 시행하는 것이었다. 이를 통해 직원들에게 책임감을 심어주고 성과에 따라 논공행상을 진행해 스스로 업무에 더욱 집중할 이유를 만들었다.

위의 세 가지 판매 방침을 회사 정문에 붙여 직원들이 이를 충분히 숙지하도록 하는 한편, 지속적인 비용과 시간을 들여 관련 교육에 힘을 쏟았다. 이는 단순히 물건을 사고파는 데 그치는 게 대부분이었던 당시 무역 행태와는 달리 제품의 사후 관리까지 책임지는 혁신적인 시도로 평가받았다. 하지만 한편으로는 급격한 변화에 대한 직원들의 반발도 있었던 게 사실이다.

당시 선두에서 이러한 운영 방침을 비판하던 부사장 베리 매길은 "이렇게 퍼주기식 운영으로는 적자를 면하기 힘들다"며 "회사가 망하기 전에 내 발로 나가겠다"고 으름장을 놓았다. 이에 나는 "회사를 나가더라도 어떻게 망하는지는 지켜보고 나가라"며 "그때 가서 당신의 예상대로 회사가 무너지면 나를 비웃어도 아무 말 하지 않겠다"는 말로 부사장을 비롯한 다른 직원들을 설득했다. 조금 먼 미래의 일이지만 온갖 곡절을 이겨내고 결국 한국산 카메라는 캐나다 시장에 정착하게 되었고, 베리 매길 부사장을 비롯한 대부분의 직원들은 지금까지 영리무역에서 한솥밥을 먹고 있다.

다시 본론으로 돌아와, 나의 이러한 시도는 캐나다 무역 시장을 중심으로 긍정적인 변화의 계기가 됐다. 물건을 판매하고 나면 추후 제품에 하자가 발견되더라도 소위 '배 째라는 식'으로 버티던 일부 악덕 기업들의 발등에 불이 떨어진 것이었다. 1980년대를 기점으로 무역 시장이 크게 확대됨에 따라 경쟁이 심화된 것도 기존의 악습이 사라지는 데 가속도를 더해줬다. 남보다 한발 먼저 사후 관리 제도를 도입한 영리무역의 신뢰가 한층 성숙해진 것도 이와 같은 맥락이다. 단, 시장과 고객으로부터 긍정적인 피드백을 받은 것은 꽤 오랜 시간이 흘러 우리나라 카메라의 품질이 높아진 후의 일이다.

우리나라의 카메라 기술력은 장점보다 단점이 더 많았던 탓에 상품 자체가 고객들의 외면을 받았다. 품질 제고가 이뤄진 후 후속 대책 관련 정비가 뒤따라야 하지만, 개발자와 판매자가 달랐던 까닭에 엇박자가 나버린 것이었다. 물론 한국 제품이 세계적으로 품질을 인정받고 있는 지금은 상상도 할 수 없는 일일 터다.

나는 이익 창출이 최우선 덕목으로 꼽히는 사업가, 좀 더 자세히 말하면 무역인이다. 그런 나에게 미래가 담보되지 않은 선투자는 피하고 싶은 선택 중 하나임이 당연하다. 내가 한국산 카메라로 관련 시장에서 굳건히 자리를 잡기까지는 수많은 시간과 비용, 그리고 또 다른 기회비용을 '갈아 넣어야' 했다. 무역인으로서 최선은 처음부터 카메라 납품 계약을 맺지 않는 것이었고, 차선은 소위 단가 후려치기를 통해 저가 물량 공세를 시도하는 것이었으며, 차차선은 추가 투자를 최대한 자제하는 것이었다. 하지만 일반적인 무역인라면 선택할 수 있었던 세 가지 항목이 적어도 나에게는 무용지물이었다. 오직 대한민국 제품만을 취급함으로써 나름의 방식으로 전 세계에 대한민국의 위상을 높이고자 노력했던 나와 영리무역에게는 숙명과도 같은 계약이었기 때문이다.

그렇게 손안에 받아든 패는 말 그대로 '망통'이었지만, 나는 내가 가진 모든 재물과 능력을 바쳐 이를 만회하기 위해 뼈를 깎는 노력을 했다. 아둔한 머리와 부족한 지혜를 참기름 짜내듯 바닥까지 훑어내며 이를 타개할 방법을 찾았던 것이다. 결국 발상의 전환으로 동종업계에서는 시도조차 하지 않던 고객 관련 서비스를 대폭 강화함으로써 향후 시장 진출의 교두보를 마련할 수 있었다.

발상의 전환도 무언가 근기가 필요하다. 나를 비롯한 내나수의 사람들은 머릿속으로 우주를 계산한 아인슈타인과 같은 인물이 아니다. 역사에 길이 남을 자신만의 이론을 만들어내는 것은 몇몇 특별한 이들이나 가능한 일이다.

내가 만약 굳이 책임지지 않아도 될 일에 투자를 하지 않았다면 지금까지 영리무역이 쌓아온 찬란한 성과는 모두 한낱 신기루가 됐을 터다. 내가 더 큰 손해가 발생할 수도 있는 일에 과감히 투자를 단행했던 것은 직접 발로 뛰며 귀로 들은 고객들의 의견이란 '근거'가 있었기 때문이다.

우리나라 후배들의 비상한 재능과 똑똑함을 이제 와 부정하려는 것은 아니다. 다만 스스로의 능력을 과신해 어떤 문제가 발생했을 때 당연히 해야 할 일조차 책상머리에 앉아 편하게 해결하려는 태도는 반드시 지양해야 한다. 스스로를, 그리고 자신의 결정을 과대평가하는 버릇처럼 사업을 말아먹기 딱 좋은 코스는 또 없을 것이다. 다시 한 번 말하지만 자신에게는 누구보다 냉정하고 날카로운 기준을 적용하는 습관이야말로 성공이란 길을 찾아가는 가장 좋은 나침반임을 기억해야 한다.

오롯이 혼자만의 힘으로 성공에 이른 사람은 극히 드물다. 특히 수많은 비즈니스 파트너와 동고동락해야 하는 무역인에게 있어 스스로에 대한 과신만큼은 반드시 피해야 할 행동이다. 예컨대 본인은 너무도 좋은 제품이라고 확신하는 반면, 주변 모든 이들은 이와 반대되는 의견을 내놓는다면 어찌할 것인가?

물론 고집을 부릴지라도 해당 제품이 잘 팔린다면 문제가 되지 않겠지만, 이와 반대의 결과가 나온다면 그 여파는 본인 한 사람에게만 국한되지 않는다.

다수의 직원과 그 가족들의 삶까지 일정 부분 책임지고 있다면 최종 판단에 이르기 전까지 모든 이들의 의견을 수렴하고 이를 분석하기 위해 노력해야 한다. 분명 마지막 결정을 하는 것은 CEO의 몫이지만, 결정을 내리는 것만큼 중요한 책임 중 하나는 수변의 소리에 귀를 기울이는 것이다. 내가 "무역인의 귀는 당나귀 귀(가 돼야 한다)"라고 말하는 배경에는 이와 같은 이유가 있다.

1976년, 당시 사업에 어려움을 겪던 나는 무려 18만 달러의 빚에 시달리고 있었다. 초보 무역인인 주제에 시장의 외면을 받던 한국 제품만 고집했으니 어찌 보면 당연한 결과였다. 동종 업계 동료들의 조언을 가장한 비웃음을 들으면서도 끝까지 한국 제품 전문 무역회사를 표방해온 나였지만 감당할 수 없을 만큼 빚이 늘어나자 잠시 흔들린 것도 사실이다. 그렇게 고민의 나날을 보내는 가운데 종종 참석하던 모임 중 한 곳에서 연락이 왔다. 되도록 모임은 피해왔는데 그날따라 머리가 복잡한 탓에 기분전환 삼아 행사장으로 향했다.

여시나 나를 보지미자 동료들의 질문과 조언(이라고 쓰고 소롱이라고 읽는다)이 쏟아졌다. 이미 익숙한 상황이었던 터라 그저 담담하게 넘긴 후 한 자리를 차지하고 앉아 간단한 안주에 술을 한잔 곁들이고 있었다.

얼마 후 내 근처에 한 무리가 자리를 잡았고, 잠시 농담을 하는가 싶더니 이내 국가 기밀을 이야기하는 것마냥 심각한 표정으로 이야기를 주고받았다. 마침 나와 아주 밀접한 자리였던 덕분에 그들의 이야기는 생각보다 잘 들렸다. 물론 모든 대화가 완벽하게 들린 건 아니지만 핵심 단어만으로도 대화의 흐름을 유추할 수 있었다. '합판', '큰돈', '즉시 매입' 등 그들의 작은 속삭임 중 어렵게 캐치한 단어를 조합한 결과 '지금 즉시 합판을 매입하면 큰돈을 벌 수 있다'는 문장이 완성됐다.

뒤통수를 망치로 얻어맞은 듯한 느낌을 받은 나는 그 즉시 모임을 뒤로하고 회사로 향했다. 그냥 흘려 넘기기에는 대화에 참여한 면면이 사뭇 대단했기 때문이다. 업계에서 역사와 매출 모두 독보적인 회사를 이끌고 있는 베테랑들의 비밀 대화를 엿들었다는 쾌감이 온몸을 휘감았다.

결과부터 말하면 나는 면밀한 시장조사와 사실 확인을 거친 후 동원 가능한 모든 자금을 쏟아부어 합판을 매입했다. 그들의 말마따나 합판 가격은 크게 요동치기 시작했고, 나는 합판 한 장당 7달러의 수익을 거둘 수 있었다. 덕분에 18만 달러의 빚을 모두 변제하고도 제법 큰 금액이 회사 통장에 입금됐다.

이후 나는 아무리 힘든 일이 있어도 각종 모임, 특히 재계 인사들이 주최하는 행사에는 되도록 참여하려고 노력한다. 가볍게 주고받는 농담 속에서도 '돈이 되는' 이야기가 차고 넘치는 까닭이다. 때로는 합판 거래와 같이 다른 이의 의견을 적극적으로 수용해 이익을 남기는 경우도 있었고, 또 때로는 내가 준비하는 새로운 사업에 대한 견해를 묻기도 했다. 나에게 모임은 단순한 사교 장소가 아닌, 사업의 연장선이었던 것이다.

만약 내가 당장의 힘겨움을 핑계로 모임에 아예 참석하지 않았다면, 혹은 그들의 이야기를 잡담으로 치부해 한 귀로 흘려들었다면 영리무역은 이미 문을 닫았을지도 모른다. 다른 이의 말을 그냥 흘려듣는다면 그저 남의 이야기일 뿐이지만 남의 말이라도 내가 직접 판단해 실행으로 옮기면 실질적인 이익이 될 수 있다는 사실을 깨달았다.

물론 무작정 남의 말을 믿는 것은 곤란하다. 남의 조언은 귀담아듣되, 꼼꼼한 사실 확인을 통해 이야기의 진실 여부와 투자 가치 등을 냉정하게 판단해야 한다. 결국 모든 결정에 대한 책임은 본인 스스로의 몫임을 기억해야 한다.

혁신적인 고객 서비스의 구축을 통해 오랫동안 카메라 시장의 문제점으로 꼽혔던 부위를 시원하게 긁었다고 자신했지만, 정작 이 좋은 시스템을 이용하는 고객은 매우 드물었다. 제품 자체의 판매가 부진했기 때문이다. 고장률이 높고 인지도가 낮은 한국산 카메라는 당당하게 진열대의 중앙을 차지하고 있던 독일과 일본 제품과는 달리 한구석에서 뿌옇게 먼지가 쌓여 있었다. 팔리지 않는 한국산 카메라의 모습이 마치 캐나다에 갓 도착한 나의 20대와 같아 보여 사뭇 서글프기까지 했다.

물론 내가 그동안 단순히 고객 관련 서비스 개선에만 매달렸던 것은 아니다. 무역인의 기본은 어디까지나 판매. 고객들의 의견을 수렴하는 한편, 그간 파트너십을 맺었던 인맥을 총동원해 대형 유통업체를 비롯한 다양한 판매 창구를 개척하는 데 힘썼다.

가장 근본적인 문제는 품질이었다. 심할 때에는 판매된 100개의 제품 중 일고여덟 개가 수주일 내 불량으로 되돌아왔다. 이렇게 들어온 제품을 무상으로 수리해주고, 방문이 여의치 않은 고객의 요청이 있을 시 출장 수리를 해주기도 했다. 심지어 수리가 불가능할 경우 아예 새 제품으로 바꿔주는 일이 반복되다 보니 회사의 이익 자체가 마이너스로 돌아설 지경이었다. 어려움을 극복하기 위해서는 결국 발로 직접 뛰는 수밖에 없었다. 하지만 나도 인간인 이상 물리적인 체력의 한계가 존재하는 법. 마치 배터리가 방전된 카메라처럼, 얼마 뒤 나도 물 먹은 솜처럼 온몸이 축 처지고 말았다.

아무리 노력해도 최하위권에 머물러 있는 한국산 카메라의 순위를 끌어올리는 일은 요원해 보였다. 토론토 시내에 일본 카메라 전문 가게가 500개나 있을 정도로 시장의 구매력은 풍부했다. 캐논, 소니 등 당당히 제품의 이름을 내건 가게 앞을 지날 때면 일본 제품을 전문으로 하는 무역인들이 그렇게 부러울 수가 없었다.

그렇게 빈 독에 물 붓듯이 회사의 이익을 갉아먹으며 버틴 지 어느덧 2년. 나는 전혀 새로운 방향으로 판매 창구를 개척해야만 한다는 결론에 이르렀다. 2년간 국내 제조사의 지속적인 기술 개발로 대폭적인 품질 개선이 이뤄졌지만, 이른바 '선점 효과' 및 '콘크리트 효과'를 톡톡히 누리고 있는 일본과 독일 제품을 짧은 시간 내에 이기기 힘들다는 판단이었다. 기존의 세일 즈 방식을 완전히 뒤집는 발상의 전환이 절실했다.

내가 가장 먼저 떠올린 것은 무역인의 시발점이 됐던 '목공 예품 행상'이었다. 일명 'Door to Door' 판매 방식으로 직접 고객을 찾아가는, 당시로서는 보기 드문 일이었다. 물론 카메라를 들고 직접 고객의 집을 방문할 생각은 아니었다. 그동안은 이른바 위탁 판매 형태로 카메라 매장에서 다른 제품들과 경쟁해야 했다면, 이제는 '오직 우리 제품만' 판매할 방법을 찾아야 했다.

'고객이 오지 않는다면 고객이 있을 만한 곳으로 찾아가자.'

고민에 고민을 거듭한 끝에 기존과는 전혀 다른 방향으로 고객과의 접점을 만들어야겠다는 결론에 도달했다. 한국 제품의 인지도가 낮아 고객이 존재조차 모른다면 직접 고객을 찾아가 제품에 대한 설명과 세일즈를 병행하겠다는 게 주요 골자였다. 당장 판매량을 올리기보다는 중·장기적인 관점에서 점차 제품의 인지도를 높임으로써 꾸준히 시장 점유율을 올리겠다는 계산이었다.

결론은 명확했다. 이제 결론에 도달하는 대략적인 과정을 설정하는 일만 남은 것이었다. 나는 직원들을 한데 모아놓고 '사람들이 가장 많이, 그리고 자주 방문하는 장소'에 대해 물었다. 음식점, 술집, 운동장 등 다양한 의견을 내놨지만 하나같이 세일즈에는 맞지 않는 장소였다. 생활과 밀접한 관련이 있으면서도 자연스럽게 제품을 살펴볼 수 있는 곳이어야 했다. 그때 한 직원이 "나는 집이 제법 먼 편이어서 자동차로 출퇴근을 하는데 2~3일에 한 번씩은 꼭 주유소를 들른다. 그런데 가끔은 자동차가 길게 줄을 서 있을 만큼 많은 손님들이 몰리곤 한다"고 말했다.

우리나라 면적의 86배가량인 캐나다는 면적에 비해 인구 밀집도가 낮은 편이다. 쉽게 말해 도시와 도시 간의 거리가 제법 멀다는 의미다. 당시만 해도 대중교통 체계가 부실했던 탓에 자동차가 생활필수품으로 자리 잡은 지 오래였다. 게다가 캐나다는 근로 여건이 여유로운 까닭에 주말이나 휴일이면 교외로 나들이를 떠나며 여가를 보내는 것이 일반적이었다. 이래저래 주유소는 캐나다인들의 일상생활과 떼려야 뗄 수 없는 불가분의 관계였던 것이다.

고민은 길었지만 결단은 빨랐다. 나는 한국산 카메라의 새로운 주요 판매 창구를 '주유소'로 결정했다. 당장의 가시적인 판매량보다는 일상에서 자주 한국 제품을 접하게 함으로써 점진적으로 인지도를 상승시키겠다는 복안이었다. 주유소 판매에 대한 직원들의 반대는 한국산 카메라의 수입을 결정할 때와 비슷한 수준이었다. 실제로 주유소에 대한 의견을 내놓은 직원마저 "그저 참고하라고 이야기했을 뿐"이라며 부정적인 입장을 보였다. 하지만 나의 생각은 확고했다.

"내가 한 약속이 아직 지켜지지 못해 미안하지만, 한 번만 더 나를 믿고 따라와주길 바란다."

내 진심이 전해진 덕분일까. 다음 날부터 영리무역의 영업사원들은 캐나다 곳곳의 주유소를 방문하기 시작했다. 영업사원들은 물론 나까지 동원돼 캐나다 전역의 주유소를 최대한 많이 방문하기 위해 노력했다. 새로운 판매 창구를 개척하기 위해서는 꼭 그만큼의 땀방울을 흘려야 했다.

정작 의아한 반응을 보인 것은 주유소를 운영하는 사장들이었다. 그간 자동차 관련 상품이나 간단한 식음료를 판매하긴 했지만 고가의 카메라를 주유소에서 판매한 적은 전무했기 때문이다. "돈은 필요 없으니 일단 진열만 해달라"는 말에도 의심스러운 눈초리를 거두지 못했다. 과거 20대 시절, 생활고를 탈출하기 위해 행상을 다니던 때 당한 문전박대의 기억이 떠오를 지경이었다.

그렇게 타지에서 밤을 지새우는 철새 생활을 감수하며 캐나다 전역을 돌아다닌 지 꼬박 두 달, 영리무역은 약 6,700개 주유소에 각각 두 대의 카메라를 진열할 수 있었다. 좋게 말하면 '의지의 한국인', 반대로 표현하면 '무식한 세일즈'가 이끌어낸 쾌거였다.

나는 각 주유소에 카메라를 비치하며 '제품 확인서'를 작성했다. 카메라 한 대 판매액의 일정 금액을 주유소에 인센티브식으로 지불하겠다는 내용이었다. 물론 제품의 분실이나 혹시 모를 사고에 대비하기 위한 조항도 삽입해 최소한의 안전 장치를 확보할 수 있었다.

예상대로 처음 반년가량은 판매량에 그리 큰 차이가 일어나지 않았다. 하지만 이후 간간이 전국 각지의 주요소에서 "카메라가 모두 팔렸다"는 연락이 날아들었다. 토론토 카메라 매장에서 한 달에 한두 대 팔릴까 말까 했던 그간의 사정에 비하면 상전벽해였다.

그사이 한국의 제조사도 마냥 놀고만 있지는 않았다. 나의 말마따나 전 세계 어떤 나라보다 우수한 DNA를 갖고 있는 우리나라 국민들의 잠재력이 마침내 폭발한 듯 국내 카메라의 품질이 하루가 다르게 나아졌던 것이다. 처음에는 7~8퍼센트에 이르던 불량률도 점차 낮아져 마침내 일본, 독일 제품과 비슷한 수준에 도달했다.

새로운 판매 창구 개척으로 인한 판매량 증가와 국내 제조사의 노력에 따른 품질 제고가 복합적으로 어우러진 덕분에 주유소 판매를 시작한 지 6개월째부터는 가시적인 성과가 뚜렷하게 나타났다. 주유소 판매가 본격적으로 개시된 한 해 동안 무려 6만 대 이상의 제품을 판매한 것이었다. 전 세계 어느 곳에서도 인정받지 못했던 한국산 카메라가 해외 시장에 굳건히 뿌리내렸음을 확인할 수 있는 결과였다. 하지만 본사에서 나에게 감사패를 전달했던 것과는 반대로 그간 누적된 영리무역의 적자는 상상을 뛰어넘을 정도였다. 그때까지도 판매량과 비례해 불량 제품의 무상 수리 및 교환이 이뤄지고 있는 탓에 좀처럼 이익으로 연결되지 않았던 것이다.

그럼에도 불구하고 나는 오직 애국심이란 사명감 하나에 기대 새로운 판매 창구 개척과 틈새시장 공략을 위한 수많은 전략을 세워나갔다. 비록 한국 제품으로 인해 큰 손해를 떠안아야 할지언정 포기란 없었다. 나에게 있어 한국 제품의 판매를 중지한다는 것은 곧 부모가 자식을 버리는 꼴과 마찬가지였기 때문이다.

나의 다음 전략은 '사람'을 공략하는 것이있다. 주유소에서 카메라를 구입하는 고객들은 자신의 필요에 의해 구매를 결정하는 경우가 많기 때문에 판매원들의 '판촉'이 큰 영향을 미치지 않았다. 그저 상품을 눈에 잘 띄는 곳에 진열해두는 것만으로도 충분했다.

반면 여전히 고전을 면치 못하고 있는 매장 판매는 결국 '사람', 즉 판매원의 권유가 상품 구매를 좌우하는 가장 중요한 요소로 작용했다. 이미 시장에 자리를 잡은 일본과 독일 카메라는 별도의 설명이 필요 없지만, 이제 갓 진출을 시작한 한국 제품은 판매원의 서포트가 반드시 필요하다는 결론에 도달했다.

나는 영업사원을 한데 모아 고가의 만년필을 나눠줬다.

"카메라 매장에서 제품 관련 계약서를 작성할 때 이 펜을 사용하고 사인을 마치면 각 매장의 책임자나 판매원에게 선물로 전달하라."

한국산 카메라에 대해 별다른 관심이 없는 판매원과의 관계를 보다 긍정적으로 개선하기 위한 고육지책이었던 셈이다. 총 300개의 만년필을 구입하는 데 들어간 비용은 수만 달러에 이르렀다. 물론 이 모두가 매몰 비용으로 결국 회사의 손실과 마찬가지였다. 하지만 나는 이를 '손해'가 아닌 '판매 촉진 비용'으로 정의했다. 무슨 일이든 대가가 필요한 것처럼 판매의 근간이 되는 매장의 판매를 늘리기 위해서는 그만큼의 투자가 선행돼야 한다는 생각이었다.

그날부터 영업사원들은 각 매장과의 계약을 체결할 때마다 고급스러운 상자에 포장된 만년필을 사용했고, 사인을 마치면 다시 만년필을 상자에 넣어 상대방에게 선물했다. 매장 운영자나 판매 책임자는 눈앞에서 직접 사용한 '중고 제품'이라는 인식에 별다른 부담 없이 만년필을 받았다. 하지만 추후 해당 만년필이 고가의 제품임을 알고 나서부터는 영리무역 직원들을 대하는 태도가 매우 호의적으로 변했다. 기계적으로 제품 판매 관련 계약 업무만 진행했던 과거와 달리 영업사원이 매장을 방문하면 따뜻한 차 한잔에 가벼운 담소를 나눌 정도로 관계가 개선된 것이었다.

사람마다 보는 시각에 따라 '선물'과 '뇌물'로 의견이 갈릴 수 있을 것이다. 물론 나 역시 순수한 호의의 선물은 아니었음을 인정한다. 하지만 불법과 위법을 저지르지는 않았음을 분명히 밝히고 싶다. 드라마 〈미생〉에 등장한 소위 '빽마진(회사 수익 중 일부를 담당자에게 돌려주는 불법 행위)'과 같은 범법 행위를 배제한다면, 무역인에게 있어 판매를 늘리기 위한 그 어떤 행동도 '무죄'임을 기억해야 한다.

회사 차원의 정책과는 별도로 그동안 양지, 음지 가리지 않고 직접 발품을 팔아온 나의 노력이 마침내 빛을 발한 사건은 한국 제품의 카메라 시장 점유율을 극적으로 높이는 계기가 됐다.

나는 매년 봄마다 독일에서 카메라 및 사진을 주제로 열리는 전시회에 참석해왔다. 전 세계 카메라 제품의 수준을 확인하는 한편, 전시회에서 만나는 인맥을 통해 다른 나라로의 수출을 타진해보기 위해서였다. 독일의 쾰른에서 열리는 해당 전시회는 세계에서 손꼽히는 수준과 규모로 진행되기 때문에 카메라와 사진 분야에 종사하는 사람들은 반드시 참석하는 행사로 유명하다.

한창 캐나다 카메라 시장 공략에 집중하던 중에도 나는 어김없이 쾰른을 찾았다. 그렇게 전시회를 관람하고 점심 식사를 위해 잠시 시내로 향하던 중 말쑥하게 차려입은 부부가 나에게 카메라를 건네며 사진을 한 장 찍어줄 것을 요청했다. 일본의 소니 제품이었다. 일본 회사의 이름이 큼직하게 각인된 카메라를 받아든 나는 갑자기 울컥 감정이 북받쳐 올랐다. 캐나다에서 지긋지긋한 장해물로 나를 가로막았던 일본 카메라가 멀리 독일에서마저 좌절을 안겨주는 느낌이었다.

'너는 평생 우리 제품을 이길 수 없어.'

환청까지 들리는 듯하며 정말 한국 카메라는 평생 일본 제품을 넘어설 수 없을까라는 생각에 그대로 몸이 굳어버렸다. 한참 동안 내가 움직이지 않자 촬영을 요청한 신사는 카메라 셔터를 가리키며 "Just push!"라고 말했다. 내가 카메라 작동법을 모른다고 여긴 것이었다. 내가 "Yes"라고 대답을 한 후에도 정작 촬영을 하지 않자 신사는 다시 다가와 이유를 물었다.

"나는 대한민국 카메라를 취급하는 무역인이다. 때문에 한국 카메라밖에 사용할 줄 모르고, 또 사용해야만 한다. 그런 내게 일본 카메라를 건네주며 촬영을 요청하니 어떻게 행동해야 할지 고민을 하던 중이다. 괜찮다면 내가 가진 한국 카메라로 사진을 찍어주겠다. 그리고 사진을 현상해야 하니 해당 제품을 선물로 주겠다."

지금 생각해도 마치 미리 준비한 연설문처럼 논리정연한 주장에 부부는 깜짝 놀란 표정으로 나의 의견을 따랐다. 나는 기꺼운 마음으로 카메라 속 필름이 모두 없어질 때까지 부부의 사진을 찍어줬고 약속대로 그들에게 한국 카메라를 선물했다. 물론 그들은 제품 가격을 지불하려 했지만 나는 절대 받을 수 없다며 정중하게 호의를 거절했다.

결국 나의 고집을 꺾지 못한 신사는 "그렇다면 당신의 명함이라도 한 장 달라"고 요청했고, 무역인의 총알이자 필수품인 명함을 한 장 꺼내 그에게 건넸다. 비록 실질적인 판매로 이어지지는 않았지만 독일에서 한국 제품의 우수성을 알렸다는 혼자만의 생각에 마음만은 뿌듯하기 그지없었다. 그런데 다음 날 전시회를 찾은 나는 동행한 직원들에게 놀라운 사실을 전해 들었다. 직원이 펼쳐 보인 쾰른의 한 지역 신문에 나의 이야기가 실린 것이었다. 바로 전날 사진을 찍어준 부부기 직접 신문사에 제보를 한 것이었다. 한국 카메라 사진까지 첨부된 기사에는 '한국에서 온 청년 사업가, 자신의 나라에서 만든 제품이 아니면 사용할 줄 모른다'는 제목이 걸려 있었다.

'한국에서 건너온 열정 넘치는 청년 사업가는 언젠가 전 세계 시장을 점령할 것이라 믿어 의심치 않는다.'

언론의 힘은 무서웠다. 퀼른 전시회에는 다수의 캐나다 상공인 역시 참석한 차였다. 물론 나와 안면이 있던 이들도 여럿 있었다. 해당 기사를 접한 그들은 너도나도 나를 찾아와 한국 카메라에 대한 관심을 표현했고, 캐나다 귀국 후 실질적인 판매량 상승으로 연결됐다.

지난 3년 동안 온갖 시행착오를 겪으며 좌충우돌 노력했음에도 불구하고 겨우 6만 대를 판매하는 데 그쳤었는데 퀼른 사건 이후 10만 대 단위로 판매고가 급격하게 늘어났다. 덩달아 해가 갈수록 대한민국의 광학 및 카메라 관련 기술도 크게 발전해 이제는 일본에 버금가는 수준으로 인정받을 정도가 되었으니 말 그대로 '호랑이 등에 날개를 달아준 격'이었다. 독일 300년, 일본 150년의 광학 기술 역사를 대한민국은 불과 10년 만에 동등한 수준으로 끌어올렸으니 과연 우리나라 DNA의 우수성을 새삼 깨닫게 됐다.

한번 상승세를 타기 시작한 카메라 판매는 언덕에서 굴린 눈덩이처럼 삽시간에 불어나기 시작했다. 1998년, 시장 점유율

꼴찌였던 한국 제품은 불과 6년 후인 2004년에는 캐논, 소니에 이은 3위를 기록했고, 2008년에는 마침내 정상의 자리에 올랐다. 기존 제품과 비교해도 결코 뒤떨어지지 않는 품질과 한국 특유의 고객 중심 서비스의 적절한 컬래버레이션이 이뤄낸 최고의 결과였다.

시장 점유율과 소비자 만족도 양 측면에서 모두 1위를 기록한 날, 나는 영리무역 직원들과 얼싸안고 어린아이처럼 펑펑 눈물을 흘렸다. CEO의 고집으로 한국 카메라 판매를 시작한 후 늘 빚에 시달려온 영리무역이 모든 채무를 변제하기까지 걸린 시간은 꼬박 6년이었다. 그동안 나는 물론 직원들도 늘 살얼음판을 걷는 심정으로 하루하루 사투의 시간을 감수해왔던 것이다.

나는 깊숙이 고개를 숙여 직원들에게 감사의 인사를 하는 동시에 모든 공을 그들에게 돌렸다. 나의 고집을 믿고 따라와준 직원들이 없었다면 결코 이룰 수 없는 성과였기 때문이다.

회사가 망하기 전에 스스로 먼저 나가겠다고 사직서를 던졌던 배리 메길 부사장은 'We are our way(우리는 나아간다)!'란 제목의 기고를 통해 영리무역의 밝은 미래를 재차 확인시켰다.

"고장 난 카메라를 아무 조건 없이 즉각적으로 새 제품으로 교체해준 당신들의 배려 덕분에 가족 여행을 성공적으로 마칠 수 있었다. 감사의 뜻을 꼭 전하고 싶다. 이렇게 고객을 먼저 생각하는 회사는 본 적이 없다. 앞으로도 나는 당신 회사의 세품만을 구입할 예정이다. 나는 당신 회사가 반드시 성공할 것이라고 믿는다. 항상 지금처럼 고객의 입장을 한 번 더 생각해주길 바란다. 다시 한 번 고맙다는 말을 전하겠다."

내가 지금까지 소중히 간직하고 있는 고객의 편지다. 한국 카메라를 구입한 고객에게서 처음으로 받은 이 편지 이후로 수많은 고객들의 마음이 영리무역에 도착했다. 나는 그 모든 고객들의 편지를 책으로 묶어 회사 한편에 비치해놓고 직원들에게 읽어볼 것을 권하기도 했다. 고객들이야말로 무역인의 가치를 증명해주기 때문이다.

감당하지 못할 것 같던 규모의 빚이었지만 고객들의 응원에 힘입어 6년 만에 마지막 대출금을 모두 갚고 은행을 나오던 날, 청량한 가을 하늘을 보며 나는 참으로 오랜만에 감상에 빠졌다. 꿈을 잃고 생존을 위해 아등바등 발버둥 치며 살았던 20대를 지나, 수많은 시행착오를 반복했던 30대 초보 무역인을 거쳐 이제는 세계 곳곳에 한국 제품을 알리는 선봉장으로 자리매김한 스스로의 삶이 사뭇 신기하게 느껴졌다.

"인간지사 새옹지마"라는 말마따나 나의 삶은 드라마틱한 이벤트의 연속이었다. 돈도 없고 백도 없던 내가 이를 극복하기 위해서는 스스로의 다리를 부지런히 움직이고 각종 기발한 발상을 짜내는 수밖에 없었다. 그러한 노력이 쌓여 결국 영리무역을 당당히 세계 유일, 최고의 한국 전문 무역회사로 키울 수 있었으니 그저 감격스러울 따름이다.

　새삼 고맙다. 우연을 가장한 인연의 중첩으로 나와 영리무역이 여기까지 성장할 수 있었다. 이 자리를 빌려 나를 믿고 도와준 모든 인연에게 진심 어린 감사의 뜻을 전하고 싶다.

그렇다, 나는 92세까지만
살기로 했다

'100세 시대'라고 했던가. 참 세상 좋아졌다. 인간의 기대수명이 무려 한 세기에 달한다니, 그야말로 격세지감을 느낀다. 그렇게 따져보니 이제 겨우 일흔일곱 살에 불과한 나도 아직 청춘靑春이 아닌가! 하지만 야속한 내 몸은 여전히 청춘임을 주장하는 마음과는 퍽 다르다. 반백 년 동안 세계 곳곳을 누비며 살아온 까닭에 무릎이 시큰거리는 일이 늘어난 요즘, 새삼 황혼이 다가오고 있음을 실감하고 있다.

사실 세속적인 성공의 기준인 '부'의 측면에서 보면 나는 이미 충분한 성과를 거뒀다고 자신할 수 있다. 때문에 인생의 마무리 시점을 100세로 잡고, 그때까지 쓸 돈을 마련함으로써 나름대로 이번 생의 매조지를 위한 준비를 이미 마쳤다. 내가 실제로 100세까지 살지는 모르겠지만, 아직 쌩쌩한 현재 몸 상태로 미루어 짐작컨대 능히 20년 이상은 거뜬하리라 생각된다.

앞으로 23년, 아마 그쯤이면 내 아들의 아들의 아들을 볼 수 있을지도 모르리라. 증손자까지 품에 안아보고 요르단강을 건넌다면 그 또한 다른 의미의 성공이 아닐까. 하지만 최근 몇 년 사이 원래 세웠던 황혼의 계획이 대폭 수정됐다. 100세까지 쓸 요량으로 돈을 쌓아놓은 곳간이 예상을 웃도는 속도로 비어가고 있는 것이다. 그 이유는 앞에서도 말했듯이 16년 전 시작한 '차세대 글로벌 창업무역스쿨 프로젝트'에서 찾을 수 있다. 해당 프로젝트를 간단히 설명하면, 내가 40여 년간 전 세계 무역현장에서 겪은 경험을 공유함으로써 후배 비즈니스맨들이 보다 수월하게 일을 할 수 있는 발판을 마련해주는 것을 주요 골자로 한다.

그저 선배로서 후배들에게 작은 도움이라도 되길 바라는 마음에 16년 전부터 국내는 물론 전 세계 수십 개국을 누비며 이른바 '자비 강의'를 해오고 있다. 제주와 광주, 대전과 부산을 찍고 중국 청도에서 강의를 마무리하면 부리나케 비행기에 올라타 부에노스아이레스로 떠나는 식이다.

첫 강의를 시작한 지 어느새 16년, 나는 지금까지 지구를 열여섯 바퀴(50만 킬로미터) 정도 돌며 250여 번 이상 강의를 했다. 세계 각국의 항공사에 VIP로 등록될 정도이니 제법 부지런을 떨었던 듯싶다. 한국에 수개월씩 머물면서도 정작 '내 집' 없이 호텔 생활을 전전하는 이유가 바로 이것이다. 한두 번의 이벤트에 그치리라 예상했던 강의가 나의 삶을 지탱하는 가장 튼튼한 기둥이 된 셈이다. 이제는 아예 주객이 전도돼 나의 삶이 곧 차세대 무역스쿨의 다른 이름일 정도다. 물론 모든 강의가 '무료'는 아니다. 종종 강의를 요청한 측에서 일정 수준의 강의료를 지불하는 경우도 있다.

그렇다면 나의 강의료는 얼마일까?

올해 초 내가 캐나다 토론토 모 대학에서 강의를 하고 받은 돈은 300달러, 우리나라 돈으로 30만 원이었다. 물론 거기까지 가는 비행기 표와 3박 4일간의 숙박료는 나의 자비로 해결했다. 그나마 강의료 명목으로 받은 300달러도 당일 저녁 잡힌 후배들과의 식사 비용으로 사용했다. 심지어 30명을 훌쩍 넘는 후배들이 참석하는 바람에 추가로 나의 곳간이 또 한 번 야무지게 털렸음을 밝힌다.

이쯤에서 의문이 들 것이다.

'대체 저놈이 왜 자기가 손해 보는 짓을 할까?'

고백컨대 나는 돈을 참 좋아한다. 소위 '돈 무서운 줄' 누구보다 잘 아는 사람도 바로 나다. 한창 사업을 확장할 때에는 단돈 1센트짜리조차 금은보화 다루듯 했다. 돈 무서운 줄 알고,

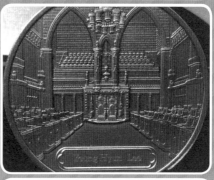

이영현 회장은 다양한 강연을 통해 세계 곳곳에서 활약 중인 한인 동포들에게 애국의 의미와 그 중요성을 알리고 있다. (위)
오랫동안 어려운 지역 주민들을 위해 다양한 기부 및 지원 사업을 펼쳐온 이영현 회장은 그 공을 인정받아 '캐나다 건국 150주년 상원 메달'과 '영국 엘리자벳 여왕 주빌리다이아몬드 훈장' 등을 수훈했다. (가운데 / 아래)

돈을 좋아하는 사람이 사업적인 수완까지 갖췄으니 어찌 돈이 따르지 않겠는가. 나는 그런 성향 덕분에 정말 많은 돈을 벌고, 또 모았다. 그렇게 번 돈으로 나는 꽤 이른 시기에 노후를 준비할 수 있었던 것이다.

그랬던 내가 변한 것은 16년 전, 세계한인무역협회의 회장으로 재직하던 중 후배들을 위해 기획한 차세대 무역스쿨을 시작하고부터였다. 그간 돈을 버는 맛에 빠져 있었다면, 차세대 무역스쿨을 통해 후배들과 직접적인 소통을 하게 된 후부터는 돈을 쓰는 맛에 중독되어버린 것이다.

누군가 나로 인해 긍정적으로 발전하고 성장하는 모습을 볼 수 있다는 것은 더없이 큰 기쁨을 안겨줬다. 무엇보다 내 강의를 듣고 가시적인 성공을 거두는 후배들이 늘어나고 있다는 사실은 차라리 카타르시스라는 표현이 어울릴 만큼 짜릿한 기분을 느끼게 해줬다.

평생 나만의 꿀단지로 숨기고자 했던 자비 강의의 비하인드 스토리를 이렇게 털어놓는 이유 역시 같은 맥락이다. 바로 후배들을 위한 나의 강의에 지속성을 부여하고자 함이다. 좀 더 풀어서 설명하면, 또 다른 선배 격 인사들이 후배들을 위해 나의 뜻에 동참하길 바란다는 뜻이다. 나와 같이 강의를 통한 노하우 전수가 아니더라도 선후배가 함께 성장할 수 있는 방법은 무궁무진할 것이다. 부디 이 책을 통해 더 많은 이들이 자랑스러운 대한민국 후배들을 위해 자신의 보따리를 풀길 바란다.

　나름대로 열심히 살아온 덕분에 부족하지 않은 경제력을 갖추게 됐고, 강의를 듣는 학생들의 감사 인사를 자양분 삼아 한 회, 한 회 강의를 늘렸던 것뿐이지만 그로 인해 나는 그동안 번 돈보다 훨씬 가치 있는 보상을 받고 있다. 나는 차세대 무역스쿨을 시작하면서 '내 강의를 듣고 난 후 단 한 사람이라도 연매출 1억 달러짜리 회사를 세운다면 그걸로 충분하다'는 목표를 세웠다. 빌 게이츠나 마윈 같은 길출한 인물 한 명이 직간접적으로 책임지는 인원은 어림잡아 수백, 수천만 명에 이른다. 같은 맥락에서 나의 강의를 듣고 제2의 빌 게이츠, 제2의 마윈이 탄생한다면 수많은 대한민국 청춘들이 일자리를 찾을 수 있을 것이란 기대감에서다.

　나의 예상대로 그 어떤 나라보다 훌륭한 DNA를 타고난 우리나라 후배들이 전 세계 곳곳에서 태극기를 휘날리고 있다. 세계에서 손꼽히는 미식의 나라, 대만에서 한국의 맛을 전파하고 있는 박세민 푸따거유한공사 대표를 비롯해, 일본에서 한국 중소기업들의 해외 판로 개척을 지원하는 장동현 씨아이지㈜ 대표, 영국에서 K-Beauty의 유럽 진출을 이끌고 있는 이상훈 오즈파트너스 대표, 남아프리카공화국에서 최고의 여행사로 인정받는 진윤석 아프리카투어스토리 대표, 세계 최강국인 미국에서 한국의 멋을 세계에 알리고 있는 배진만 하이퍼데닝 대표 등 수많은 차세대 무역스쿨 졸업생들이 세계 곳곳에서 뚜렷한 발자취를 남기고 있다.

반짝반짝 빛나는 자신만의 아이디어로 미지의 땅에서 굳건히 뿌리를 내린 후배들을 보고 있노라면 기특함을 넘어 순수한 존경심까지 솟아날 만큼 깊은 울림이 전해진다. 언어와 문화조차 생경한 낯선 나라에서 이 정도의 성공을 거두기까지 그들이 겪어야 했던 수많은 장해물의 높이와 숫자를 누가 가늠할 수 있을까? 선배가 아닌, 그저 그들과 같은 한 사람의 사업가 입장에서 그 모든 성공에 진심 어린 축하와 응원의 박수를 보내고 싶다.

물론 나는 차세대 무역스쿨의 강의를 듣는 사람이라면 모두 예외 없이 성공하길 바란다. 하지만 내 강의를 듣는 모든 이가 성공할 수는 없다. 같은 음식을 먹어도 소화되는 양이 다르듯 아무리 좋은 이야기와 조언이라도 받아들이는 바가 각기 다르기 때문이다. 다만 방향은 다를지라도 내 강의를 통해 각자의 삶이 조금이라도 긍정적으로 바뀐다면 그것만으로도 충분한 가치가 있다는 생각을 해본다. 앞으로도 나는 한 명이라도 더 많은 후배들에게 변화와 성장을 위한 기회를 주고자 한다. 비록 92세까지 살지 못할지도 모르지만, 혹은 그보다 빨리 나의 곳간이 비어버릴 수도 있지만, 지금보다 더 자주 후배들을 만나기 위해 최선을 다할 것이다.

나 역시 여전히 끊임없이 공부 중이다. 현재를 살아가는 후배들이 짊어진 십자가를 이해하기 위해 나름대로 노력하고 있는 것이다. 소위 말하는 '꼰대'가 아닌, 대한민국 청춘들과 함께 현시대를 살아가는 동등한 구성원으로서 그들의 이야기에 귀를 기울일 터다.

내가 차세대 무역스쿨을 통해 얻은 또 다른 보상은 바로 후배들과의 식접적인 소통 창구를 만들게 된 것이다. 좀 더 쉽게 설명하면, 나의 휴대전화에 하루에도 수백 통씩 날아드는 후배들의 메시지가 바로 그것이다. 나는 강의 시간에 항상 나의 휴대전화 번호를 공개한다. 언제든 나의 도움이나 조언이 필요하면 직접 연락하라는 의미에서다. 앞서 언급한 후배들의 공통점은 강의가 끝난 후에도 나와 지속적인 인연을 이어왔다는 것이다. 후배들의 요청에 내가 할 수 있는 모든 지원과 도움을 아끼지 않았음은 물론이다.

내가 20대 젊은이들처럼 능숙하게 스마트폰을 다루지 못하는 덕분에 후배들과 나눈 모든 대화는 여전히 휴대전화에 저장되어 있다. 종종 흐린 눈에 힘을 쥐가며 그들과의 대화를 복기하는 건 지루한 비행시간을 알차게 보내는 최고의 방법이다. 후배들의 성장을 함께할 수 있는 기쁨은 말로 표현하기 힘든 감정이다.

강의를 마치면 여러 후배들이 나에게 다가와 감사하다는 인사를 하곤 한다. 하지만 정작 가장 큰 도움과 이익을 얻은 건 나자신이다. 나는 지금에 와서야 진정한 사업가가 됐음을 실감한다. 세상에서 가장 고귀한 가치를 가진 '사람'에게 투자하고 그로 인해 더 많은 사람을 남기고 있기 때문이다. 나의 휴대전화를 빼곡하게 채운 후배들의 메시지는 내가 진정한 사업가로 거듭났다는 증거일 터다. 내가 지난 1981년, 한국인 2세로 구성된 아이스하키팀 '화랑'을 창단한 것도 이와 같은 맥락이다.

참고로 화랑의 시작은 1974년으로 거슬러 올라간다. 그때 캐나다에 살던 한국인 2세들을 대상으로 무료 교육을 시행했던 것이다. 당시 화랑에서 센터를 차지하던 까까머리 중학생 백지선^{캐나다명 Jim Baek} 군은 후에 NHL^{북미아이스하키리그} 프로 선수로 활약하였고, 현재는 대한민국 아이스하키 남자 국가대표팀 감독을 맡고 있다.

화랑은 나의 자부심이자 영리무역이 이룩한 가장 큰 업적이다. 1981년 출전한 제62회 전국동계체육대회에서 화랑이 당당히 우승컵을 들어올렸을 때, 나는 선수들과 함께 어린아이처럼 펑펑 울고 말았다. 과거 나의 어머니가 콩나물을 다듬으시며 늘 입버릇처럼 하시던 "진정한 사업가라면 이문보다는 사람을 남겨야 한다"는 말을 절절히 깨닫게 된 순간이었다.

나는 '사람은 각 나이대에 맞는 삶을 살아야 한다'고 생각한다. 아무리 큰 성공을 거뒀다고 해도 20대가 마치 60대처럼 행동하면 맞지 않는 옷을 입은 꼴밖에 되지 않을 터다.

실력을 쌓고 자신의 목표를 정한 후에 맹렬하게 정진하는 20~30대를 시작으로 굳건히 자신의 길을 개척해나가는 40대와 본격적으로 부를 쌓는 50대를 성공적으로 보내고 난 후 60대부터는 내가 아닌 남을 위해 살아가야 한다. 이렇듯 각자의 나이대에 맞는 삶을 충실히 보냈다면 어떤 역경에도 쉬이 흔들리지 않는다. 수많은 인연을 만난 나는 너무 이른 성공이 오히려 독으로 돌아오는 경우를 많이 목격했다. 방법과 과정을 무시한 채 단순히 돈이란 목적을 달성하기 위해 무리수를 선택한 이들의 대다수는 결국 어렵사리 쌓은 경제력마저 지키지 못했다. 운과 편법에 근거해 달성한 그들의 성공은 근본이 튼튼하지 못했던 것이다.

만약 그들이 성공에 이르는 과정에서 만난 많은 인연들을 소중히 대함으로써 '신뢰'라는 이름의 보이지 않는 자산을 쌓았다면, 한순간의 실수로 모든 부를 잃더라도 다시 한 번 재기를 도모할 수 있었을지도 모른다. 내가 그랬던 것처럼 말이다.

성공의 척도를 오직 경제력, 즉 '돈'에 국한시키는 건 가장 어리석은 일이다. 절대적인 부의 크기 역시 중요하지만 거기까지 이르는 과정이 올바르지 못하다면 결코 다른 기준에서의 성공(명예 혹은 신뢰)은 달성하지 못할 것이다.

내가 돈을 많이 벌어보니 참 좋긴 하더라. 돈이 많은 덕분에 세계 곳곳을 다니며 후배들을 만날 수 있는 것은 물론 개인적으로 좋아하는 취미 생활도 얼마든지 할 수 있기 때문이다. 그런 내가 돈의 가치를 부정하고자 하는 것은 아니다. 다만 정도에 벗어난 방식으로는 아무리 많은 돈을 벌어봤자 떳떳하게 사용하지 못한다는 사실을 명심해야 한다.

2011년 발생한 소위 '마늘밭 110억 원 굴착 사건'을 떠올려보자. 110억 원이면 경제적 측면에서는 이미 성공을 이뤘다고 평가할 수 있는 금액이다. 하지만 해당 돈의 주인이 110억 원을 번 방법은 불법 도박 사이트 운영이었다. 그가 당당하게 번 돈이었다면 그 돈은 마늘밭이 아니라 국가에서 인정하는 제1금융권 금고 속에 있었을 것이다. 극단적인 예이긴 하지만 '정직한 돈의 가치'를 확인하기에는 충분하리라 생각한다.

"쥐만 잘 잡으면 흰 고양이나 검은 고양이나 상관없다"는 등소평의 말처럼 돈이라면 모두 같은 가치를 갖는다고 생각하는가? 그렇다면 지금 당장 그런 잘못된 기준을 바로 세워야 한다.

내가 후배들에게 말하고 싶은 건 성공이란 결과에만 집착하지 말고 목적지에 이르는 과정까지 소중하게 보듬으라는 것이다. '10년 안에 100억 원을 벌겠다'와 같이 절대적인 목표에 이르는 것만이 성공은 아니라는 의미다. 설사 10년 안에 100억 원을 벌지 못하더라도 그에 이르기 위한 과정 중에 만난 인연

이영현 회장은 과거 자신과 같이 타국에서의 성공을 꿈꾸며 힘겨운 하루하루를 견디고 있는 외국인 노동자들의 아픔까지 보듬어주고 있다.

으로 인해 새로운 기회를 만날지도 모른다. 성공은 그저 자신이 삶을 열심히 살아가야 하는 하나의 지표이자 이유일 뿐, 집착이나 정복의 대상이 아님을 명심하길 바란다.

나이가 들수록 입은 닫고 지갑은 열라고 했던가. 비록 강의를 핑계로 아직까지 입을 닫지는 못했지만, 적어도 후배들만을 위해 내 곳간의 문은 16년 전부터 지금까지 활짝 열려 있으니 부디 너른 마음으로 나를 바라봐주길 바란다. 앞으로도 그 곳간의 문이 닫힐 일은 없을 것이고, 내가 아니더라도 또 다른 누군가가 후배들을 위해 어떤 형태로든 다양한 도움을 전해줄 것이라 굳게 믿고 또 믿는다.

물론 나를 비롯한 다른 선배들의 과거 경험이 현재 시대와 꼭 맞아떨어지지는 않는다. 하지만 시대를 막론하고 지켜야 하는 삶의 근간이 있듯, 성공에 도달하기 위한 나침반은 과거와 현재를 막론하고 같은 방식으로 구현될 터다.

나는 이 책을 통해 후배들이 내가 걸어온 길을 걷길 바라는 것이 아니다. 만약 무역인이란 길을 택할지라도 결코 나와 같은 행보를 보여서는 안 된다는 사실을 분명히 밝히고 싶다. 꽤 긴 분량의 글을 통해 서술한 케케묵은 과거의 이야기 중에서 단 한 가지를 취사선택해야 한다면, 과거 나의 수많은 실패를 반면교사 삼아 앞으로의 삶이 올바른 방향으로 나아갈 수 있도록 경계와 경각의 기준으로 삼았으면 하는 바람뿐이다.

우리 후배들의 현재는 마치 미처 다듬어지지 않은 원석 위에 먼지가 가득 내려앉은 듯한 모습이다. 세계 그 어느 나라보다 훌륭한 재능과 뜨거운 열정을 갖고 있는 대한민국 청춘들에게 필요한 것은 뚜렷한 목표와, 그에 이르는 방법을 알려주는 지도와 나침반이다. 그리고 우리 후배들에게 성공의 물꼬를 터줘야

해외 동포들의 경제적 교류를 위해 열리는 '세계한상대회'는 전 세계 곳곳에서 활약하고 있는 자랑스러운 대한민국 청년들에게 또 다른 기회를 열어줄 것이다.

하는 책임과 의무는 바로 나와 같은 선배들에게 있다.

나는 이 책을 특정 계층만 읽길 바라지 않는다. 물론 대부분 사랑하는 후배들의 행보에 도움이 될 만한 내용을 넣으려고 노력했지만, 꼭 그만큼의 비중으로 소위 선배 격에 해당하는 독자들노 잭을 읽고 나의 행보에 지지와 농잠의 늣을 보여수실 바란다.

16년 선부터 나의 하루하루는 세상에 난 하나뿐인 보석과 같이 반짝이고 있다. 보잘것없는 인생사와 그 속에서 겨우 건진 삶의 교훈을 공유하는 게 전부인 나의 강의를 듣기 위해 시간을 쪼개 수백 개의 좌석을 가득 메운 채 반짝이는 눈망울로 나에게 집중하는 후배들의 모습은, 평생 손에 쥔 그 어떤 값비싼 재화보다 더욱 가치 있는 선물임이 분명하다. 맛있는 안주와 알싸한 술 한잔을 곁들이며 현재를 살아가는 청춘들의 이야기를 가감 없이 들을 수 있는 시간은 오직 나만이 누리는 특권이라는 생각에 절로 흐뭇한 미소가 지어진다.

은퇴 후 느긋하고 풍족하게 여생을 즐기려던 나의 당초 계획은 크게 어긋났지만, 250여 차례의 강의를 통해 맺어진 후배들과의 소중한 인연과 앞으로 다가올 청춘들과의 새로운 만남을 상상하는 것만으로도 밤새 잠을 이루지 못할 만큼 가슴이 설레곤 한다.

지난 16년과 앞으로의 16년, 그 끝에 맞이할 나의 92세 생일
이 사뭇 기다려지는 이유다. 그렇다, 나는 92세까지만 살기로
했다.

메이드 인 코리아

2019. 7. 5. 1판 1쇄 발행
2019. 7. 22. 1판 3쇄 발행

지은이 | 이영현
펴낸이 | 이종춘
펴낸곳 | BM 주식회사 성안당
주소 | 04032 서울시 마포구 양화로 127 첨단빌딩 3층(출판기획 R&D 센터)
       10881 경기도 파주시 문발로 112 출판문화정보산업단지(제작 및 물류)
전화 | 02) 3142-0036
       031) 950-6300
팩스 | 031) 955-0510
등록 | 1973. 2. 1. 제406-2005-000046호
출판사 홈페이지 | www.cyber.co.kr
ISBN | 978-89-315-8772-2 (13320)
정가 | 15,000원

이 책을 만든 사람들

편집 총괄 | 최옥현
구성 | 하상원
편집 · 교정 | 권영선
표지 · 본문 디자인 | 박소희
홍보 | 김계향
국제부 | 이선민, 조혜란, 김해영
마케팅 | 구본철, 차정욱, 나진호, 이동후, 강호묵
제작 | 김유석

■ 도서 A/S 안내

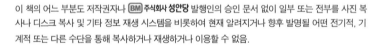

성안당에서 발행하는 모든 도서는 저자와 출판사, 그리고 독자가 함께 만들어 나갑니다.
좋은 책을 펴내기 위해 많은 노력을 기울이고 있습니다. 혹시라도 내용상의 오류나 오탈자 등이 발견되면 "좋은 책은 나라의 보배"로서 우리 모두가 함께 만들어 간다는 마음으로 연락주시기 바랍니다. 수정 보완하여 더 나은 책이 되도록 최선을 다하겠습니다.
성안당은 늘 독자 여러분들의 소중한 의견을 기다리고 있습니다. 좋은 의견을 보내주시는 분께는 성안당 쇼핑몰의 포인트(3,000포인트)를 적립해 드립니다.
잘못 만들어진 책이나 부록 등이 파손된 경우에는 교환해 드립니다.